Praxishandbuch Bibel für Studium, Schule und Gemeinde
Herausgegeben von Michael Landgraf und Paul Metzger

Michael Landgraf / Paul Metzger

Bibel unterrichten

Basiswissen –
Bibeldidaktische Grundfragen –
Elementare Bibeltexte

Calwer Verlag • RPE Religion – Pädagogik – Ethik

Verlag und Autor danken für die freundlich erteilten Abdruckgenehmigungen. Leider war es nicht möglich, alle Inhaber/innen von Urheberrechten zu ermitteln. Betroffene Personen sind gebeten, sich mit dem Verlag in Verbindung zu setzen.

Die Deutsche Bibliothek – CIP-Einheitsaufnahme

Die Deutsche Bibliothek verzeichnet diese Publikation in der Deutschen Nationalbibliografie; detaillierte bibliografische Daten sind im Internet über *http://dnb.ddb.de* abrufbar.

ISBN 978–3–7668–4180–3 (Calwer)
ISBN 978–3–938356–30–2 (RPE)

Satz und Herstellung: Karin Klopfer, Calwer Verlag
Umschlaggestaltung: Rainer E. Rühl, Alsheim
Druck und Verarbeitung: AZ Druck und Datentechnik, Kempten

E-mail: info@calwer.com
Internet: www.calwer.com
www.rpe.online.com

Inhalt

Vorwort zur Reihe »Praxishandbuch Bibel«

»Die meisten Bäume werden auf einmal abgeerntet.
Feigen aber von Zeit zu Zeit.
So ist es mit der Tora:
Man lernt heute etwas und morgen etwas,
aber man kann sie nicht in ein oder zwei Jahren lernen.«

Diese rabbinische Weisheit zeigt: Die Bibel ist ein Buch des Lernens. Sie ist kein Roman, der in einem Stück durchgelesen wird. Man lernt von ihr und mit ihr – ein Leben lang.

Doch jedes Lernen und Lehren will gelernt sein. Lernen ist Erkunden, ein Zusammenspiel von Frage und Antwort. In der Auseinandersetzung mit Lebens- und Glaubensfragen, die sich in den biblischen Geschichten spiegeln, zeigt sich, dass es verschiedene Zugänge, Perspektiven und Deutungsmuster gibt.

Wer reflektiert Lernen und Lehren will, muss sich mit der Wissenschaft des Lernens, der **Didaktik,** vertraut machen. Hilbert Mayer fasst deren Grundfragen zusammen: »Wer, was, wann, mit wem, wo, wie, womit, warum und wozu einer lernen soll«.[1]

Didaktik ist also eine Wissenschaft und eine Fragehaltung zugleich. Der Begriff Didaktik leitet sich vom griechischen Wort »didaskein« ab, das drei Bedeutungsebenen umfasst:

- Lehren, Unterrichten (aktivierend / motivierend)
- Lernen, belehrt werden (aktiviert / motiviert)
- sich etwas aneignen (reflexiv)

Mit den Begriffen aktivierend und aktiviert wird hier die klassische Unterteilung vermieden, dass Lehren aktiv und Lernen passiv sei. Damit ist gemeint: Erfolgreiches Lehren gibt Impulse, durch die Lernprozesse bei Lernenden motiviert werden und sie selbständig weiterarbeiten können.[2] In der Didaktik geht es damit also nicht nur um Vermittlung von **Wissen**, sondern auch um das **Können**. So spielen neben den **Inhalten** (WAS – die Auswahl dessen, was gelernt wird) immer auch die **Kompetenzen** im Lernprozess eine entscheidende Rolle.

Neben der **allgemeinen Didaktik**, die unabhängig von spezifischen Inhalten allgemeine Fragen des Lernens klärt und die sich mit Lernvorausset-

1 Hilbert Meyer, Didaktische Modelle, ^{9}2009, 16.

2 Gerd Theißen legt die Motivation zur Bibel als Ausgangspunkt seiner Bibeldidaktik fest (Zur Bibel motivieren, Gütersloh 2002; siehe S. 40f).

zungen, Erziehungsfragen, Handlungsmöglichkeiten von Unterrichtenden und lernfördernden Arrangements auseinandersetzt, wendet sich die **Fachdidaktik** den besonderen Fragestellungen, Methoden und Inhalten eines Faches zu. Fachdisziplin all derer, die sich mit religiösen Lernfragen und Inhalten auseinandersetzen, ist die **Religionspädagogik**. Ein wichtiger Teilbereich der Religionsdidaktik ist die **Bibeldidaktik** aufgrund der Stellung der Bibel innerhalb der Bezugswissenschaft Theologie. Sie ist Grundlage des christlichen Glaubens, besonders in der Evangelischen Theologie, die seit der Reformation durch die Überzeugung geprägt ist, dass »allein die Bibel« (sola scriptura) die Richtschnur des Glaubens sein darf. Die Erfahrungen mit Gott, die in der Bibel enthalten sind, erlauben uns selbst einen Zugang zu Gott zu finden.

Die Reihe »Praxishandbuch Bibel« wendet die didaktischen Fragen WER, WARUM, WAS und WIE auf die Bibel an:

Wer Ebene der Lehrenden und Lernenden in der Gesellschaft und ihre Beziehung zur Bibel	**Warum** Begründung der Beschäftigung mit der Bibel
Was Ebene der biblischen Inhalte und Kompetenzen, die mit der Bibel erreicht werden sollen	**Wie** Ebene der Lernwege, der Methoden

Im Band »**Bibel unterrichten**« werden Zugänge zur Bibel, lernpsychologische Voraussetzungen zum Verständnis biblischer Texte, die Begründung der Auseinandersetzung mit der Bibel und elementare Bibeltexte reflektiert. Im Band »**Bibel auslegen**« werden Schritte gezeigt, wie man sich exegetisch mit den Bibeltexten auseinandersetzen kann. Im Band »**Bibel kreativ erkunden**« wird in grundlegende Lernwege eingeführt, die in unterschiedlichen Lernsituationen angewandt werden können. Die Konzeption der jeweiligen Bände wurde in Lehrveranstaltungen, mit Referendar/innen und Vikaren sowie in der Lehrerfortbildung erprobt und reflektiert.

Wir hoffen, dass die Reihe »Praxishandbuch Bibel« all denen eine Hilfe ist, die sich im Studium, in der Schule und der Gemeinde mit biblischen Texten auseinandersetzen und diese vermitteln sollen.

Michael Landgraf / Paul Metzger

Wer unterrichtet und wer wird unterrichtet? – Ebene der Lehrenden und Lernenden

Kontext des Lernens – Einstellungen zu Bibel und Kirche

Beim Lernen und Lehren geht es um die Begegnung von Menschen mit einem Inhalt, mit dem sie eine Erfahrung haben oder eine Neuerfahrung machen. Lehrende wie Lernende haben oft Vor-Erfahrungen mit der Bibel, die geklärt werden müssen, um deren Vor-Läufigkeit zu thematisieren.

Einstellungen zur Bibel sind eingebettet in einen **Kontext**. Was hat alles einen Einfluss darauf, ob und wie die Bibel in das Lernen eingebunden wird? Dabei unterscheidet man verschiedene Faktoren, die im folgenden Kapitel näher beleuchtet werden:

- die **Einstellung der Lehrenden** zur Bibel
- die **entwicklungspsychologische und biographische Situation**, in der die Bibel gelernt und gelehrt wird, sowie **das gesellschaftliche Milieu** der Beschäftigung mit der Bibel
- die **Bildungstheorie und Allgemeindidaktik** der Zeit
- die **Auslegung der Bibel durch Glaubensgemeinschaften**
- die **wissenschaftliche Theologie (Exegese),** d. h. Auslegungsimpulse, die aus der aktuellen Forschung kommen
- die **Mentalität der Zeit**.

Der letzte Punkt ist deswegen wichtig, weil es kaum eine unvoreingenommene Auseinandersetzung mit der Bibel gibt. Während in den USA weit über 70 % der Menschen sagen, ihnen sei die Bibel wichtig, ist dies in Deutschland anders. Christine Reents[3] fasst die gegenwärtige deutsche Mentalität zusammen: Die Bibel sei ein Buch der Antike, ohne Alltagsbedeutung und nur für Spezialisten verstehbar. Sie sei irrelevant, da die Kirchlichkeit zurückginge. Darüber hinaus fördere sie falsche Lebenseinstellungen durch ihr patriarchalisches Gottesbild und die falsche Opferbereitschaft. Sie widerspreche der Selbstgestaltung und Individualisierung des Lebens sowie der Notwendigkeit von Vergeltung. Weiter enthalte sie eine überholte Feiertagskultur, sei voll von Lügengeschichten und für Kinder ungeeignet.

Wir möchten an dieser Mentalität und oft gehörten Redewendungen bzw. Vor-Urteilen ansetzen und diese vor dem Hintergrund gesellschaftlicher Rahmenbedingungen problematisieren.

---

3 Christine Reents, »Bibel weg – hat kein'n Zweck!«? Argumente und zwölf Gegenargumente, in: G. Lämmermann / Ch. Morgenthaler / K. Schori / Ph. Wegenast, Bibeldidaktik in der Postmoderne, Festschrift K. Wegenast, Stuttgart 1999, 337–344.

"WIR MÜSSEN MAL MIT IHM ZUM KINDERPSYCHOLOGEN."

»Wer liest denn schon die Bibel?«

Die Bibel ist mit weitem Abstand das meistverkaufte Buch der Welt. Die meisten Menschen in Deutschland haben eine Bibel zu Hause. Umfragen der letzten Jahre malen allerdings trotzdem ein düsteres Bild. Das Meinungsforschungsinstitut Allensbach (2005) befragte 746 Deutsche ab 16 Jahren. Resigniert kann man zur Kenntnis nehmen: 62 Prozent der Erwachsenen geben an, nie in der Bibel zu lesen, neun Prozent hin und wieder und nur vier Prozent häufig. Es zeigt sich das Bild einer Gesellschaft, für die das Lesen in der Bibel fremd geworden ist. Die junge Generation hat sich bis auf eine Minderheit von sieben Prozent von der Bibellektüre verabschiedet.

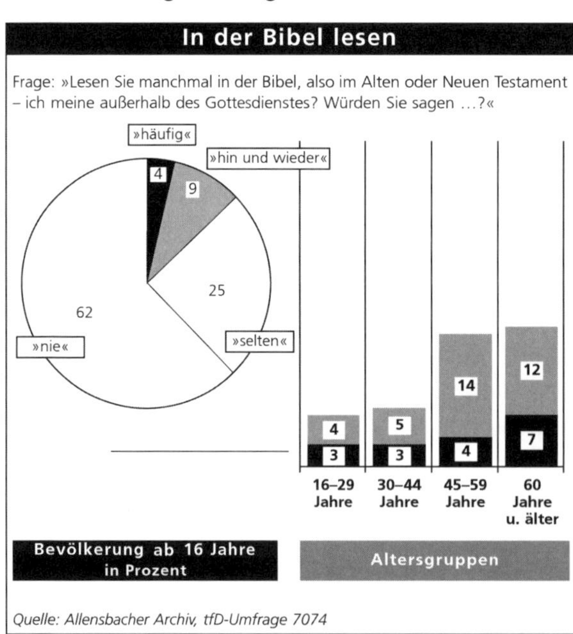

Seit der EKD-Denkschrift »Identität und Verständigung« (1993) ist dafür das Stichwort »Traditionsabbruch« im Gespräch. Damit ist der Umstand gemeint, dass man kaum noch an gelebte kirchlich-religiöse Tradition und an das Wissen darüber anknüpfen kann. Dies trifft auch auf die Bibelkenntnis zu. Für das Elternhaus spielt die Bibel häufig keine Rolle, auch wenn in vielen Haushalten eine Bibel zu finden ist. Kinder und Jugendliche lernen die Bibel meist über den »Umweg« kirchlicher Kindergärten, den schulischen Religionsunterricht, die Kinder- und Jugendarbeit oder den Kindergottesdienst in der Gemeinde kennen. Bei einer Umfrage im Jahre 2002, die danach fragte, woher Grundschulkinder ihre Lieblingsgeschichte der Bibel kennen, sagten 90 Prozent der Kinder: »aus dem Religionsunterricht«.[4]

»Die Geschichte kenn ich nicht ...«

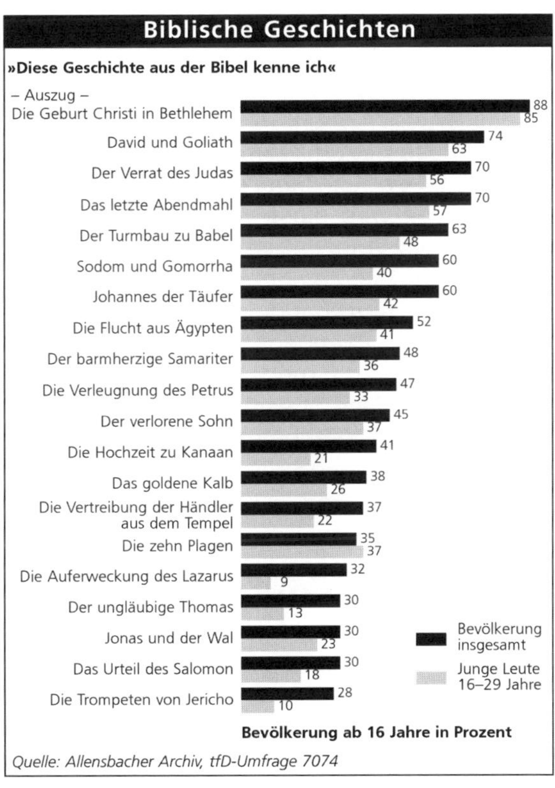

Aufschlussreich ist bei der Allensbachumfrage 2005 auch der Blick auf eine Übersicht der bekanntesten Geschichten. Selbst Klassiker wie der »Barmherzige Samariter« und der »Verlorene Sohn« liegen bei einem Bekanntheitsgrad unter 50 Prozent. Ausnahme ist die Weihnachtsgeschichte, da sie jährlich auch denen in Erinnerung gerufen wird, die dem Glauben fern stehen. Doch ist diese nur schemenhaft bekannt – durch Krippe und Weihnachtserzählungen verfremdet.

Der Radiosender »Deutschlandfunk« reagierte auf die Allensbachumfrage am 14. November 2005, indem er auf eine Gruppe italienischer Intellektueller um den Schriftsteller Umberto Eco verwies. Diese forderten mit Hilfe einer Unterschriftenkampagne auf, die Bibel in Italien wieder stärker in den Schulunterricht einzubeziehen. Die zunehmende Unkenntnis der Heiligen Schrift wirke sich negativ auf das Verstehen von Kunst, Musik, Literatur, Politik und Wirtschaft aus. Deshalb empfiehlt der Sender mehr Bibelstudium an deutschen Schulen, auch außerhalb des Religionsunterrichts.

4 Helmut Hanisch / Anton A. Bucher, Da waren die Netze randvoll. Was Kinder von der Bibel wissen, Göttingen 2002, 62.

»Schon wieder die Bibel?«

Wenn nun die Schule einer der wichtigsten Orte der Begegnung mit der Bibel ist, dann muss man fragen: *Welchen Stellenwert hat die Bibel in der Schule?* Eigentlich betrifft diese Frage nicht nur den Religionsunterricht, sondern auch die Fächer Deutsch, Kunst, Geschichte etc. Doch hat es die Bibel, glaubt man dem Vorwurf von Universitätstheologie und erweckten Kreisen, selbst im Religionsunterricht nicht leicht. Gerne werden Szenarien gemalt, in denen der Vorwurf der Bibelvergessenheit an Lehrende wie Lehrplanmacher gleichermaßen ergeht. Demgegenüber muss festgehalten werden: Die Bibel war in jedem religionspädagogischen Modell des 20. Jahrhunderts ein wichtiger Inhalt des Religionsunterrichts (siehe S. 34–37). Doch seitdem die Orientierung an der Lebenswelt der Schüler Ende der 1960er Jahre eingeläutet wurde, muss man mit der kritischen Schüleraussage umgehen lernen: »*Wie – schon wieder die Bibel?*«

Allerdings wird diese Aussage gerne pauschalisiert. Überblickt man die Schulzeit als Ganzes, ist in der Einstellung zur Bibel eine Entwicklung zu beobachten. Schüler/innen der Grundschule setzen sich gern mit biblischen Geschichten auseinander.[5] Sie werden als »spannend, wichtig und schön« eingeschätzt.[6] Allerdings berichten Religionslehrer/innen der Klassenstufe 5, dass an vielen Grundschulen diese Chance zur Arbeit mit der Bibel nicht genutzt wird. Eine Ursache ist hierbei der große Prozentsatz an fachfremdem Unterricht. Fachfremde Lehrer, die sich mit Bibelgeschichten nicht auskennen, scheuen sich, diese einzusetzen. Aber auch ausgebildete Religionslehrer/innen haben vielerlei Probleme mit schwierigen Texten der Bibel.

In der Regel geht das Interesse an biblischen Geschichten bei den Lernenden in der Pubertät zurück (siehe Oser / Gmünder, S. 22f). Diese Phase gilt in vielen Bereichen als ein »Moratorium«, als Zwischenzeit. Daher wird im Religionsunterricht stärker themen- und problemorientiert gearbeitet – und in diesem Rahmen hat auch die Arbeit mit der Bibel ihren Ort. Bibeltexte können als sogenannte Dilemmageschichten eingebracht werden – also Geschichten, die ein offenes Ende haben und die den Hörer oder Leser zu einer Entscheidung herausfordern. In der Regel lässt sich mit älteren Jugendlichen (ab Klassenstufe 9) wieder besser mit der Bibel arbeiten, da der neue Selbst- und Weltbezug nach der Pubertät mit einem neuen Interesse an der Auseinandersetzung mit allem einhergeht, was Sinn erschließt.

---

5 Anton A. Bucher, Religionsunterricht zwischen Lernfach und Lebenshilfe, Stuttgart 2000, 45.
6 Helmut Hanisch / Anton A. Bucher, Da waren die Netze randvoll. Was Kinder von der Bibel wissen, Göttingen 2002, 19ff.

»Bücher les ich eh nicht!«

Die Bibel ist ein Buch – und das ist für sie ein Problem. So spricht Christian Grethlein von einem »Problem Buch«, mit dem es der Bibelunterricht zu tun hat.[7] Das Medienzeitalter wirft seine Schatten auf die Buchwelt. Man antwortet auf diese Herausforderung durch neue Medien: 2007 erschien die vollständige Bibel als Hörbibel, es gibt Bibelfilme, es gibt digitale Bibelprodukte bis hin zum Online-Bibel-Portal der Deutschen Bibelgesellschaft. Doch stellt sich hier die Frage, ob damit eine Brücke zur Bibel als Buch gelingt. Es sollte eine Aufgabe sein, Jugendliche zu motivieren, eine Bibel als Buch in die Hand zu nehmen. Dafür muss es aber Bibel-Druckerzeugnisse geben, die niederschwellig ansetzen und Büchermuffel abzuholen in der Lage sind.[8]

»Das Buch ist ja viel zu dick!«

Dies war der Kommentar einer Konfirmandenmutter bei einer Umfrage, wie es mit der Bibellektüre im eigenen Umfeld aussieht. Viele Menschen nehmen die Bibel nicht in die Hand, um in ihr zu lesen, weil es ein großes, schweres und damit bestimmt kompliziertes Buch ist.

Natürlich ist die Bibel kein Roman und sie liest sich nicht so fesselnd wie ein moderner Thriller. Doch gibt es in ihr spannende Geschichten, Worte zum Nachdenken und Nachsprechen. Die Bibel ist in ihrer Vielfalt wahrzunehmen, als Buch für alle Fälle – ein Lebensbuch. So ist die Frage: Wie kann man Neugierde wecken und Lust auf das Entdecken dieser Vielfalt in dem »dicken Buch« machen? Eine Hilfe sind dabei die in den klassischen Bibelausgaben vorhandenen Hilfen im Eingang und im Anhang oder ein Bibelleseplan.[9]

»Die Bibel ist doch viel zu heilig!«

Die Bibel ist für viele nicht nur ein Buch, sondern auch ein »Heiliges Buch«, vor dem man Ehrfurcht hat. Der Begriff »heilig« ist positiv besetzt – aber auch ein Hinderungsgrund, sich intensiver mit ihr zu beschäftigen. Etwas »Heiliges« ist abgehoben von mir und hat mit meinem Alltag zunächst wenig zu tun.

Hier gilt es bewusst zu machen, dass die Bibel lebensnah ist, denn in ihr werden Erfahrungen der Menschen mit Gott in ihren vielfältigen Lebenssituationen wiedergegeben. Dies kann Lernenden im Gespräch über die Ursprungssituation biblischer Geschichten, also deren »Sitz im Leben«, oder über die Grundfragen, auf die die biblischen Texte Antwort geben, deutlich werden (siehe »Elementare Bibeltexte« ab S. 58). Auch das Arbeiten mit

7 Christian Grethlein, Fachdidaktik Religion, Göttingen 2005, 299.
8 Siehe hierzu den Überblick in: »Bibel kreativ erkunden«, 109–117.
9 Bibelleseplan unter www.die-bibel.de/interaktiv/mein-bibelleseplan.

Bibel- und Psalmworten kann hier hilfreich sein (siehe »Bibel kreativ erkunden«, S. 80–83).

»Ich verstehe da einfach nichts!«

Die Bibel mutet einem viel zu – den Sprung in eine andere Welt, ein anderes Denken und eine andere Sprache, die immer wieder neu und anders übersetzt wird. Wer zu früh einen schwierigen Text liest, läuft Gefahr, kaum etwas zu verstehen und demotiviert zu werden. Dieses hermeneutische Problem kann nur gelöst werden, wenn Lernenden ein »Schlüssel« bereitgestellt wird, welche Geschichten wie zu verstehen sind.[10] Das heißt, dass es Aufgabe von Schule und Gemeinde ist, Lernende »fit« zu machen für die Begegnung mit Bibeltexten und ihnen genügend Handwerkszeug zum Umgang mit der Bibel mit auf den Weg zu geben. Dazu dienen die Schritte der Auslegung, die ansatzweise ab Klassenstufe 9 erlernt werden (siehe den Band »Bibel auslegen«), aber auch die unterschiedlichen Methoden wie etwa das verstehende Lesen, die kreative Textarbeit oder »mit der Bibel ins Gespräch kommen« (siehe den Band »Bibel kreativ erkunden«).

»Was da drin steht, stimmt doch sowieso nicht!«

Ein weiteres Problem ist die Wahrheitsfrage. Oft hören Lehrende, die die Erkenntnisse historisch-kritischer Forschung vermitteln und so zum Verstehen der Texte beitragen wollen, die Schlussfolgerung: *»Wenn die Geschichte nicht so stimmt, wie sie da steht, dann traue ich dem Ganzen sowieso nicht mehr.«* Hier kommt es darauf an, den Sinn biblischer Geschichten bereits früh plausibel zu machen. Biblische Geschichten sind nicht als historische Tatsachenberichte zu vermitteln, sondern als Deutungen des Glaubens. Erfahrungen mit Gott werden hier verdichtet.[11] Dabei sollte der Bedeutungsgehalt – das »semantische Potential« vieler Geschichten im Rahmen des jeweiligen Wirklichkeitsverständnisses – deutlich werden. Besonders bei den Schöpfungs- (S. 58–63) und Wundergeschichten (S. 87–94) muss auf die grundlegende Aussageabsicht dieser Texte hingearbeitet werden. Diese Geschichten stehen in der Pubertät besonders auf dem Prüfstand. Auch ist hier die Frage nach der richtigen Bibelausgabe für das jeweilige Alter entscheidend. Es kann sein, dass der Bibeltext, der vermittelt werden soll, viel zu schwierig übersetzt wurde. Daher sollten einfachere Kinder- oder Jugendbibeln sowie »kommunikative« Bibelausgaben verwendet werden, wenn es dem Verständnis des Textes dient (Überblick in »Bibel kreativ erkunden«, S. 109–113).

---

10 Siehe hierzu auch die Bibeldidaktik von Peter Müller. Ders., Schlüssel zur Bibel. Eine Einführung in die Bibeldidaktik, Stuttgart 2009 (siehe S. 41).

11 Siehe dazu ausführlich Paul Metzger / Markus Risch, Bibel auslegen, 9ff.

»Mit der Kirche hab ich es nicht so!«

Die Bibel gilt als Buch der Kirche. Hier ergibt sich ein Problem der Zuordnung: Wer vielleicht schlechte Erfahrungen mit Kirche gemacht hat, fragt sich: *Warum soll ich mich dann mit dem wichtigsten Buch dieser Kirche beschäftigen?*

Einerseits ist es richtig, dass die Bibel ohne die Kirche nicht existieren würde. Andererseits gilt zu beachten: Die Bibel ist die wichtigste Kritikerin der Institution »Kirche«. Reformatorische Kirchen kennzeichnen dies durch den Grundsatz »ecclesia semper reformanda«: Die Kirche ist eine »immer zu reformierende« – und zwar auf Grundlage der Bibel. Die Bibel besitzt die Autorität, der Kirche als Wort Gottes gegenüberzutreten. Sie hat das Potential in sich, Ungerechtigkeit in der Gesellschaft und Erstarrung der Institution anzuprangern. Besonders die Evangelien und prophetische Texte weisen auf eine Vielzahl von kritischen Stimmen gegenüber (religiösen) Institutionen auf.

»Die Ideen der Bibel sind doch alle überholt!«

Ob die kriegerisch wirkenden Texte im Alten Testament oder die radikalen Friedenstexte der Bergpredigt, ob das patriarchale Gottesbild oder die angeblich fatale Opferbereitschaft, die sich im Leiden Christi offenbart – viele Bilder und Ideen sind nur verständlich, wenn man den Hintergrund kennt und versteht. Dieser Prozess des Übersetzens ist schwer, muss aber geleistet werden. Gerade das ist ein wichtiger Moment in der Auseinandersetzung mit der Bibel, dass man unbequeme Bilder der Bibel versteht und für sich begreifbar macht.

»Die Bibel ist doch nichts für Kinder«

Stimmt! Die Bibel ist kein Kinderbuch. Doch darf dies nicht als Entschuldigung dafür herhalten, mit Kindern keine biblischen Geschichten mehr anzuschauen. Die Bibel ist voller Lebensgeschichten, die an die Zielgruppe »Kind« in der richtigen Sprache weitergegeben werden sollten. Dazu gibt es heute eine Vielzahl guter Erzählvorlagen und Kinderbibeln, denen man vom Text und von der Sprache her vertrauen kann (Übersicht im Band: »Bibel kreativ erkunden«, S. 111f).

»Die Bibel ist doch nur etwas für alte, kranke Leute!«

Dies war das Ergebnis der Untersuchung von Horst Klaus Berg, das er 1980 in seiner »Bibeldidaktik« veröffentlichte. Dieses Ergebnis ist nicht negativ zu bewerten. Der Bibel wird dabei nämlich eine seelsorgerliche Kompetenz zugewiesen. Aber da Jugendliche zumeist sich nicht zur Zielgruppe »alt« und »krank« rechnen, ist eine Annäherung an die Bibel bei solch einer Einstellung zunächst schwierig. Hierbei kann man empfehlen, immer wieder selbst mit seiner Zielgruppe eine solche Umfrage zu machen.[12]

Bibellust – Bibelkenntnis – Bibelverständnis bei Lehrenden und Lernenden

Meist sind bei der Frage nach dem WER nur die Lernenden im Blick – deren soziokulturelle Bedingungen, ihr Entwicklungsstand oder das Geschlecht. Doch spielt auch eine Rolle, welches Verhältnis Lehrende selbst zur Bibel haben, da dies Voraussetzung dafür ist, ob und wie Bibeltexte vermittelt werden. **Lehrerstudien** wie die von Anton Bucher oder die regionalen Studien in Niedersachsen und Baden-Württemberg (Andreas Feige) zeigen, dass es ein Nord-Süd-Gefälle in der Auffassung dessen gibt, was der Religionsunterricht zu leisten hat.[13] Unterschiedlich wird dabei auch die Relevanz biblischer Themen wahrgenommen. Doch gilt bei allen, dass der persönliche Zugang der Lehrenden zur Bibel entscheidend ist für die Art und Weise, ob und wie die Bibel im Unterricht verwendet wird. Daher sollte man sich als Lehrender selbst immer wieder die Fragen stellen: *Wie sieht es mit meiner Bibellust, mit meinem Bibelverständnis und mit meiner Bibelkenntnis aus?*

»Welche biblischen Texte sprechen mich an?« – Bibellust

Jeder Lehrende hat Erfahrungen mit Bibeltexten gemacht, die ihm mehr oder weniger Lust machen, sich weiter mit der Bibel zu beschäftigen. Auch wenn das »Lust-Prinzip« unserer Gesellschaft in Frage gestellt wird,[14] wäre es illusorisch, dies außer Acht zu lassen. Im Grunde gilt: *Wer selbst keine Lust verspürt, sich mit der Bibel auseinanderzusetzen, kann auch keine persönliche Beziehung zu ihr aufbauen. Wer keine persönliche Motivation verspürt, in die Bibel hineinzuschauen, wird auch andere schwer motivieren können.*

Um die persönliche »Bibellust« zu ermitteln, kann es hilfreich sein, sich zunächst einmal zu fragen:

---

12 Arbeitsblatt für Schüler in: »ReliBausteine Bibel«, 23 und »Bibel kreativ erkunden«, 12.

13 Anton A. Bucher / Helene Miklas, Zwischen Berufung und Frust. Die Befindlichkeit von katholischen und evangelischen Religionslehrer/innen in Österreich, Münster 2005. – Ders., Religionsunterricht zwischen Lernfach und Lebenshilfe. Eine empirische Untersuchung zum katholischen Religionsunterricht in der Bundesrepublik, Stuttgart 2000. – Andreas Feige / Werner Tzeetzsch, Christlicher Religionsunterricht im religionsneutralen Staat? Unterrichtliche Zielvorstellungen und religiöses Selbstverständnis von ev. und kath. Religionslehrerinnen und -lehrern in Baden-Württemberg, Ostfildern 2005.

14 Vgl. Peter Hahne, Schluss mit lustig – das Ende der Spaßgesellschaft, Lahr 2004.

- *Welche allgemeinen Meinungen über die Bibel (S. 12–17) teile ich, welche lehne ich ab?*
- *Welche Bibelgeschichten haben mich persönlich im Leben angesprochen und sich vielleicht sogar auf mein Verhalten ausgewirkt?*
- *Welche Bibelgeschichten haben mich eher abgeschreckt?*

»Wie sehr kenne ich mich in der Bibel aus?« – Bibelkenntnis

Die Bibelkenntnis hat nicht nur unter den jungen Leuten, sondern auch unter den Lehrenden abgenommen. Zur Sicherheit im Umgang mit der Bibel gehört, den Aufbau der Bibel, ihre Hintergründe, die Lebensumstände der Menschen zur Zeit der Bibel sowie eine Auswahl an Bibelgeschichten im Detail zu kennen und diese nacherzählen zu können. Detailwissen ist dabei wichtig: Wer beispielsweise den »Barmherzigen Samariter« (Lk 10,25–37) ohne das Rahmengespräch Jesu mit dem Schriftgelehrten kennt, der führt die Geschichte ethisch eng und trägt zu Missverständnissen bei. Wer nicht zwischen der Weihnachtsgeschichte des Lukas und Matthäus unterscheiden kann, versteht nicht die radikale Botschaft für Arme, die Lukas bereits zu Beginn seines Evangeliums entfaltet.

Die Lektüre und Kenntnis zentraler Texte der Bibel ist für Lehrende unerlässlich, will man die biblischen Texte gut vermitteln. Sie verleiht ihnen die Sicherheit, mit Bibelgeschichten umzugehen (siehe ausführlich ab S. 58).

»Wie verstehe ich Bibeltexte?« – Bibelverständnis

Bibelkenntnis ist noch längst nicht alles. Texte müssen erfasst und verstanden werden. Hier sollte man einen Lehr-Gang durch einen biblischen Text einmal gemacht haben (siehe S. 115f und im Band »Bibel auslegen«). Für eine Auslegung und das eigene Verstehen der Texte sollte man aber auch Hilfsmittel zur Hand haben: z. B. kommentierte Bibelausgaben, Bibellexika oder Kommentare zu einzelnen biblischen Büchern (Empfehlungen in »Bibel kreativ erkunden«, S. 109–113). Auch einfache Auslegungswege wie die Västeras-Methode oder Schrittmethoden (siehe »Bibel kreativ erkunden«, S. 16–24; 88f) dienen dazu, dass man im Bibelverständnis sicherer wird.

Reflexiv sollte man sich selbst fragen, warum man einen Text so versteht, wie man ihn versteht, und ob es nicht noch andere Verständniswege gibt. Hier kommen unterschiedliche Vorverständnisse zum Zuge: Aus Sicht einer Frau (feministische Exegese), eines unterdrückten Menschen (materialistische Exegese) oder aus der Innensicht des Menschen (psychologische Exegese).[15]

Letztlich sollte man sich selbst darüber im Klaren sein, weshalb man eine Bibelgeschichte ansprechend, aufregend oder langweilig findet – und schließ-

---

15 Siehe hierzu »ReliBausteine Bibel«, 69–73.

lich, warum man diese Geschichte vermitteln will. Erst wenn man ein eigenes Verhältnis zum Text entwickelt hat, kann man anderen ein Verstehen des Textes nahe bringen. Dabei spielen Lebensphase, Geschlecht, sozialer Hintergrund und religiöse Sozialisation eine Rolle.

Die Bibel und die Lehrenden und Lernenden

Die Pädagogik setzt sich mit den Voraussetzungen des Lernens, mit dem gesellschaftlich bedingten Menschenbild und der entwicklungsbedingten Situation der Lernenden und Lehrenden auseinander. Hier lohnt sich der Blick in die Geschichte, wenn man verstehen will, warum die Bibel immer wieder anders gelehrt und jeweils andere biblische Geschichten für den Unterricht ausgewählt wurden.

Rolle der Lehre vom Menschen (Anthropologie)

Bis zur Aufklärung stufte man Kinder und »unverständige« Erwachsene auf gleicher Ebene ein.[16] Eine »Kindheit« als geschützter Raum der Entwicklung und des Lernens war unbekannt. Der Mensch galt im christlichen Abendland als Sünder, der der Erlösung bedarf. Vergleicht man dies mit einem Gefäß, so entsteht folgendes Bild: Der Mensch ist ein **volles Gefäß** (Lehre von der Erbsünde), das geleert und gereinigt werden muss. Bis zur Aufklärung hat man deshalb für den Unterricht vor allem solche Geschichten ausgewählt, die die Sündhaftigkeit des Menschen in aller Ausführlichkeit schildern. So gehörten die Erzählungen von Sodom und Gomorra (1. Mose 19: Strafe Gottes über ganze Städte aufgrund der Lasterhaftigkeit deren Einwohner) oder der Verfehlungen von David und seine Familie (2. Sam 11–19: Mord, Vergewaltigung, Inzest, ...) zu den Basisgeschichten früher Kinderbibeln. In der Sintflutgeschichte stand nicht der Bund Gottes im Vordergrund, sondern die Entblößung des betrunkenen Noah durch einen seiner Söhne (1. Mose 9, siehe Abbildung).

1. Mose 9 in einer Frankfurter Kinderbibel von 1534

16 Siehe hierzu Michael Landgraf, Kinderbibel damals – heute – morgen, Neustadt a.d.W. 2009, 5–22.

Auch wurden im Unterricht primär biblische Geschichten behandelt, die die Erlösungsbedürftigkeit des Menschen, aber auch Gottes Heilshandeln darstellen. Gott galt somit als eine Macht, die zornig diese Dinge bestraft.

In der **Aufklärung** änderte sich dieses Bild. Man entdeckte das Kind, den Lernenden, als ein **leeres Gefäß,** das prinzipiell gut ist und gefüllt werden muss. Damit entdeckte man erst die Kindheit als eigenständige Lebensphase.[17] So beschreibt es Jean-Jacques Rousseau in seinem Erziehungsroman »Emile«. Gott galt als ein philosophisches Prinzip – als Gott der Liebe. Auch wenn in den pädagogischen Modellen des 19. und 20. Jahrhunderts angesichts strenger Erziehungsziele dieses Bild der Aufklärung nur teilweise in die Praxis überführt wurde, herrscht doch in Grundentscheidungen die beschriebene Einstellung vor. Das hatte zur Folge, dass in Lernbibeln dieser Zeit »unzüchtige« und schwierige Geschichten ausgesondert wurden. Auch heute noch werden Kinder vor »schlimmen Geschichten der Bibel« geschützt. Allerdings entbrennt in letzter Zeit in der Kinderbibelforschung, beispielhaft anhand von 1. Mose 22,[18] ein Streit um die Frage, wann man Kindern welche Geschichten zumuten kann und muss.

Heute sieht man in der pädagogischen Diskussion, besonders im Forschungszweig »Kindertheologie«, Kinder und Jugendliche nicht mehr als Gefäß, sondern als freie **Akteure im Geschehen**. Lernende werden als Menschen wahrgenommen, die in ihrer Umwelt früh schon einer Vielfalt von Einflüssen begegnen. Sie gelten als fähig, sich eigenständig auch schwierige Zusammenhänge anzueignen und zu diskutieren. Unterricht soll daher dazu dienen, Kompetenzen der Lernenden zu stärken und sie so »fit« für ihre Umwelt zu machen.

Biografisches Lernen

In den letzten Jahren wurde immer stärker der Einfluss biographischer Faktoren auf die Wahrnehmung von biblischen Geschichten untersucht. Die PISA- und Jugendstudien zeigen, dass es besonders in Deutschland eine Rolle spielt, welchem **sozialen Milieu** man entstammt. Dies spielt auch für die Bibeldidaktik eine Rolle. Zu ermitteln ist:

- *Gibt es Milieus, in denen die Bibel eine stärkere oder geringere Akzeptanz hat?*
- *Wie werden biblische Geschichten in unterschiedlichen Milieus wahrgenommen?*

---

17 Philippe Ariès, Entdeckung der Kindheit, München 2005.

18 Siehe hierzu Christoph Th. Scheilke, Abraham in Kinderbibeln, in: Adam, Gottfried u. a.: Das Alte Testament in Kinderbibeln, Zürich 2003, 127ff.

Interessant ist hierbei der Wandel: Während die Jesusgeschichten in ihren Anfängen besonders die Unterschicht ansprachen, ist heute als Zielgruppe besonders die Mittelschicht und das Bildungsbürgertum im Blick.

Durch die Erkenntnisse der feministischen Theologie geht man heute immer mehr davon aus, **geschlechterspezifische Aspekte** in den Blick zu nehmen. Dabei werden Fragen geklärt wie:

- *Gibt es Unterschiede in der Bereitschaft, sich mit biblischen Geschichten auseinanderzusetzen?*
- *Werden biblische Geschichten von den unterschiedlichen Geschlechtern unterschiedlich wahrgenommen oder interpretiert?*

Geschlechterspezifische Unterschiede sind beispielsweise: Während Jungs Geschichten mit Mose und David bevorzugen, sind Mädchen gemäß einer anderen Umfrage stärker an der Schöpfungsgeschichte und an den Jesusgeschichten interessiert.[19]

Ein dritter Aspekt ist, dass es im deutschsprachigen Raum auch **regionale Besonderheiten** gibt. Zwar ist überall ein Abbruch der familiären Vermittlung christlicher Traditionen zu spüren, doch stellt sich dieser in Süddeutschland weniger stark dar, wo noch in vielen Regionen Religion mit einer mehr oder minder intensiv gelebten Kirchlichkeit und Konfessionsbindung in Verbindung gebracht wird. Demgegenüber kann in Teilen Norddeutschlands und besonders im Osten der Republik kaum noch auf biblische Geschichten und eine religiöse Tradition Bezug genommen werden. Hier muss über einen radikalen Neuansatz von religionspädagogischen Strukturen nachgedacht werden.

Religiöse Entwicklung

Die Entwicklungs- und Lernpsychologie spielt seit Jahrzehnten eine wesentliche Rolle für die Religions- und Bibeldidaktik. Diese fragt nach der Entwicklung, die Lernende in der Kindheit und der Jugend durchschreiten. Demnach vollzieht sich die Entwicklung des Menschen in Stufen (Piaget), sowohl in der Ethik (Kohlberg), im Glauben (Fowler) als auch in seinem religiösen Bewusstsein und Urteilsvermögen (Oser / Gmünder).

Jean Piaget[20] gilt als Pionier der Entwicklungspsychologie. Seine Grundfrage war: *Wie entwickelt sich der Mensch – besonders in seiner Fähigkeit, auf andere einzugehen und zu lernen?* Piaget vertrat die Auffassung, dass Lernen nicht ein passives Auffüllen eines leeren Behälters sei, sondern innerlich und äußerlich handlungsbezogen – ein aktives sich Aneignen und sich Auseinandersetzen. Jeder Mensch konstruiert aktiv seine Wirklichkeit und

---

19 Helmut Hanisch / Anton A. Bucher, Da waren die Netze randvoll. Was Kinder von der Bibel wissen, Göttingen 2002, 43.

20 Jean Piaget u. a., Das Wachsen des logischen Denkens von der Kindheit bis zur Pubertät, 1958.

daher ist seine Mitwirkung im Lernprozess zu bedenken. Diese Konstruktion läuft nach Piaget in vier Entwicklungsstufen ab:

- 0 bis 2 Jahre (Sensumotorische Phase): Egozentrismus, keine Raum- und Zeitvorstellung
- 2 bis 6 Jahre (Präoperationale Phase): Die Sprache ordnet die chaotische Umwelt, Anfänge realitätsgerechter Wahrnehmung
- 6 bis 11 Jahre (Konkret-operationale Phase): Operationen in Verbindung mit sinnlicher Wahrnehmung
- 11–15 Jahre (Formal-operationale Phase): Fähigkeit zur Abstraktion, klare Unterscheidung zwischen Subjekt und Objekt.

Die Entwicklung geht also von einer absolut selbstgezogenen Phase zur Fähigkeit der Unterscheidung eines fremden Subjektes – und damit auch eines Gottes, der jenseits der eigenen Welt gedacht werden kann. Piaget zeigte dabei, dass der Mensch sein religiöses Weltbild auf diese Weise herstellt und für sich Antworten auf die Sinnfrage erschließt.

Der entwicklungspsychologische Ansatz von **Lawrence Kohlberg**[21] fragt: *Wie verläuft ein ethisches Lernen? Woran orientiert sich die menschliche Moral im Laufe ihrer Entwicklung?* In seinem Modell stellt er Stufen der Entwicklung des ethischen Bewusstseins dar.

- *Stufe 1:* Orientierung an Belohnung und Bestrafung
- *Stufe 2:* Egoismus
- *Stufe 3:* Orientierung an stereotypen Vorbildern
- *Stufe 4:* Orientierung an Gesetz und Ordnung
- *Stufe 5:* Sozialverträgliche Orientierung
- *Stufe 6:* Orientierung an universellen ethischen Prinzipien

James Fowler und **Fritz Oser und Paul Gmünder** untersuchen die religiöse Entwicklung und beziehen sich auf die Stufen des Verstehens (Piaget) und die des moralischen Urteils (Kohlberg).

James Fowler[22] fragt dabei: *Wie entwickelt sich der allgemeine Glaube des Menschen (faith), der sich von konkreten Glaubensinhalten (belief) unterscheidet?*

Nach einer von Fowler nicht weiter ausgeführten Vorstufe zur Glaubensentwicklung folgt die erste Stufe: der **intuitiv projektive Glaube**, der sich auf Grundlage des Grundvertrauens des Kindes entwickelt (2 bis 7 Jahre). Hier entsteht die Vorstellungskraft als Grundlage für den Glauben. Die nächste Stufe nennt er den **mythisch-wörtlichen Glauben.** Das Kind kann seinen Glauben an Gott in bildhaften, häufig anthropomorphen Metaphern beschreiben (z. B. Gott als alter Mann). In der Pubertät folgt dann zumeist der **synthetisch-konventionelle Glaube**, den auch noch viele Erwachsene haben. »Konven-

21 Lawrence Kolberg u. a., Die Psychologie der Moralentwicklung, Frankfurt a. M. 1996. Modifiziert wurde der Ansatz von Caroll Gilligan.

22 James Fowler, Stufen des Glaubens. Die Psychologie der menschlichen Entwicklung und die Suche nach Sinn, 1981.

tionell« bedeutet, der Glaube sei abhängig von anderen, »synthetisch« meint, dass die »Fragmente« des Glaubens häufig noch nicht zusammenpassen.

Als erste Stufe eines selbstbewussten Glaubens folgt der **individuierend-reflektierende Glaube,** indem der Mensch eine eigene Glaubensposition behaupten und darüber mit anderen diskutieren kann. Der **verbindende Glaube** reflektiert verschiedene Glaubensaussagen und entwickelt ein Bewusstsein für die Relativität des eigenen Glaubens, auch wenn der eigene Glaube nicht aufgegeben wird. Am Ende steht für Fowler als Postulat der **universelle Glaube**. Der Mensch wird als fähig gesehen, ganz in der Sache des Glaubens aufzugehen.

Methodisch interviewte Fowler knapp 400 Personen mit unterschiedlichem religiösem Hintergrund (Leitfadeninterview). Die Befragten schauen zunächst auf ihr Leben zurück und versuchen selbst, es in Abschnitte zu gliedern. In einem zweiten Teil geht es um lebensgestaltende Erfahrungen wie das Erleben von Verlust, Leid oder Freude. Im dritten Teil seiner Interviewreihe fragt er nach Glaubensinhalten, Werten und Handlungen. Erst dann fragt Fowler direkt nach Religion.

Fritz Oser und Paul Gmünder[23] gehen konkret auf die Frage ein: *Wie kann sich religiöses Urteilsvermögen im Lebenslauf entfalten?*

Mithilfe von Dilemmageschichten werden Lernende unterschiedlichen Alters befragt. Ein Beispiel ist das »Paul-Dilemma«: Soll Paul ein Versprechen halten, das er Gott in einer Notsituation (Flugzeugabsturz) gegeben hat? Warum oder warum nicht?

Oser / Gmünder gehen davon aus, dass das religiöse Urteil als Tiefenstruktur allem Denken und Urteilen über wesentliche Sinn- und Verhaltensfragen zugrunde liegt. Durch dies wird in bestimmten Situationen das Verhältnis des Individuums zum »Ultimaten« überprüft. Der Ansatz basiert auf der Vorstellung, dass sich eine religiöse Beziehung immer auf ein personales Gegenüber (»Ultimates«; »Letztgültiges«; »Gott«) richtet. Dem Modell liegen sechs Stufen zugrunde, die nacheinander durchlaufen werden können.

- **Stufe 1: »Gott kann alles«** (»deus ex machina«, etwa 6 bis 10 Jahre). Damit ist eine einseitige Macht des Ultimaten / Gottes gemeint: Ein Kind lebt in völliger Abhängigkeit vom Ultimaten / Gott, dessen Macht ihm absolut scheint. Gott kann direkt auf den Menschen einwirken. Der Mensch hat keine Macht über Gott.
- **Stufe 2: »Ich gebe (dir), damit du gibst«** (»do ut des«, etwa 8 bis 18 Jahre). Das Ultimate / Gott wird immer noch als allmächtig gesehen, doch es besteht eine »relative Autonomie«. Er / Es bestraft oder belohnt. Doch kann man das Letztgültige durch Wohlverhalten, Gebete, Verhandeln oder auch Rituale und Opfer beeinflussen und Strafe mildern. Gott und Mensch können sich also wechselseitig beeinflussen.

23 Fritz Oser / Paul Gmünder, Der Mensch Stufen seiner religiösen Entwicklung. Ein strukturgenetischer Ansatz, Gütersloh 1982.

- **Stufe 3: »Ich habe meine Welt und Gott seine«** (missverständlich »Deismus« genannt; etwa 10 bis 25 Jahre). Der Mensch und das Ultimate/Gott, die »Transzendenz« und die »Immanenz«, werden unabhängig voneinander gedacht und in einer »absoluten Autonomie« gesehen. Der Wunsch nach Selbstbestimmung bestimmt den Alltag. Das Ultimate/Gott wird vielleicht nicht geleugnet, jedoch aus dem Einflussbereich gedrängt. Dies betrifft unter Umständen auch kirchliche Autoritäten und die Bibel.
- **Stufe 4: »Der Mensch macht etwas, weil Gott etwas für ihn tut«** (ab etwa 17 Jahren). Der Mensch sieht ein, dass nicht alles von ihm selbst abhängt. Sein Handeln oder Entscheiden steht in Beziehung zum Ultimaten/Gott, wird sogar als Voraussetzung des menschlichen Handelns gesehen. Hier spielt aber auch eine Rolle, dass das Ultimate/Gott durch Menschen wirkt und dass eine Beziehung zwischen den beiden aufgebaut wird. Folge ist ein Engagement für alles, was die Beziehung zwischen dem Ultimaten/Gott betrifft.
- **Stufe 5: »Ich stehe in einer direkten Beziehung«** (»Kommunikativ-religiöse Praxis«, Alter nach oben hin offen). Hier wird die Beziehung zum Ultimaten/zu Gott in jedem Handeln erkennbar. Nun durchdringen einander Ewiges und Endliches, also »Transzendenz« und »Immanenz«. Der Mensch erfährt in dieser Stufe das Göttliche direkt und fühlt sich von ihm angenommen. Menschliche und göttliche Freiheit werden beide miteinander verschränkt (»integrierte Autonomie«).
- **Stufe 6** ist fiktiv und kennzeichnet eine vollkommene Beziehung zwischen dem Ultimaten/Gott und dem Menschen.

Die höheren Stufen zeigen eine durchdachte Religiosität, die von der Autonomie, der Selbständigkeit und Freiheit geprägt ist. Letztlich stellt sich die Frage: *Wie kann die Autonomie des Ultimaten mit der Autonomie des Menschen zusammengedacht werden?* Das heißt konkret: Der Mensch entwickelt sich von einem fremdbestimmten Wesen zu einem selbständigen Gesprächspartner Gottes, der die Freiheit Gottes und die Freiheit des Menschen zusammen denken kann.

Bedeutung der Entwicklungsmodelle für die Bibeldidaktik

Durch die Modelle von Kohlberg und Oser/Gmünder lernt man, Lernende in ihrer lebensgeschichtlichen Entwicklung und in ihrem Umgang mit Bibelgeschichten zu verstehen. Die Gefahr, dass diese Geschichten moralisiert oder im Sinne eines »do ut des« missverstanden werden, ist eines der dunklen Kapitel des Bibelunterrichts. Viele Bibelausgaben des 18. und 19. Jahrhunderts zeigen in ihrer Textauswahl, Textwiedergabe und in den Fragen zum Text diese Tendenz, die Bibel als Droh-Buch zu verstehen, die Menschen bewusst in einer frühen Entwicklungsstufe zurückhält (siehe S. 18).

Alle Entwicklungsmodelle sehen in einem selbstbewussten, befreiten und verantwortlichen Menschen, der souverän mit Glaubensfragen, d. h. auch mit der Heiligen Schrift, umgeht, das eigentliche Ziel der Entwicklung und damit auch der Erziehung. Hier können die Fragen, auf die die biblischen Erzählungen Antworten geben (siehe S. 58–111), mit den jeweiligen Entwicklungsfragen in Korrelation gebracht werden. Deutlich wird dies insbesondere bei der Gottesfrage, dem Umgang mit Wundergeschichten und Gleichnissen sowie mit den Geboten als Grundlage einer Ethik.

Biblische Gottesbilder

In Auseinandersetzung mit biblischen Gottesbildern oder den Weggeschichten biblischer Personen mit Gott (z. B. Abraham, Josef, Moses, Jona, Paulus) kann das jeweilige Gottesbild eines Lernenden und damit auch sein Entwicklungsstand ermittelt werden. Beispielhaft hat Helmut Hanisch dokumentiert, wie Kinder und Jugendliche ihr Gottesbild gestalten.[24] Hanisch zeigt dabei auch, dass biblische Geschichten von entscheidender Bedeutung für die Glaubensentwicklung eines Menschen sein können. Eine spiralcurricular angelegte qualifizierte Auseinandersetzung mit Bibeltexten führt zu einem je neuen Verständnis in der Entwicklung des Menschen.

Wundergeschichten

Diese zeigen, ob ein naiver oder ein reflektierter Wunderglaube vorhanden ist. Ein Jesus, der über das Wasser geht, passt unmittelbar zum »deus ex machina-Glauben« von Kindern in Stufe 1 nach Oser / Gmünder. Die Forderung nach der Erfüllung von Wundern im Sinne von »Ich bete zu dir, dann hilfst du mir bei der Klassenarbeit« passt zur Stufe 2, dem »do ut des«. Wichtig ist, Kinder in ihrer Glaubensentwicklung zu unterstützen, indem man ihnen hilft, den Sinn der Wundergeschichten im damaligen Kontext zu erschließen (zu den Wundergeschichten Jesu: siehe S. 87ff). Dazu ist es notwendig, bereits früh den Blick für die Zeit und die Umwelt der Bibel zu öffnen.[25]

Gleichnisse

Anton Bucher stellt anhand der Gleichnisse dar: erst ab etwa zwölf Jahren soll sich ein Kind so weit entwickelt haben, dass es Gleichnisse in ihrer Tiefendimension versteht.[26] Auf Grundlage der Stufen religiösen Urteils von Oser /

---

24 Helmut Hanisch, Die zeichnerische Entwicklung des Gottesbildes bei Kindern und Jugendlichen, Stuttgart 1996; Artikel und CD zu Gottesbildern von Kindern unter: www.uni-leipzig.de/ru/gottesbilder/artikel/index.html. Die CD zeigt, wie Kinder verschiedener Altersstufen und mit unterschiedlicher religiöser Sozialisation mit der Aufgabe umgehen. Kinder mit religiöser Erziehung (Religionsunterricht) entwickeln ein Gottesbild, das vom figürlichen ins abstrakte geht, während solche ohne religiöse Erziehung in der Ablehnung eines Gottesbildes stehen bleiben, das sich auf den ersten Ebenen der religiösen Entwicklung ansiedeln lässt.

25 Dies geschieht in vielen Plänen bereits in Klasse 1/2, wenn man erschließt: »So lebten Jesu Zeitgenossen«. In der Klassenstufe 3/4 kann, wie beim Thema »Gleichnisse«, nach dem tieferen Sinn der Botschaft Jesu gefragt werden.

26 Anton A. Bucher, Verstehen postmoderne Kinder die Bibel anders?, in: Godwin Lämmermann, u. a. (Hg), Bibeldidaktik in der Postmoderne, Stuttgart 1999.

Gmünder befragte Bucher Kinder, warum Jesus beispielsweise das Gleichnis von den Arbeitern im Weinberg erzähle. Antworten waren:

- Stufe 1: Damit wir nicht neidisch sind, sonst wird Gott böse.
- Stufe 2: Die Geschichte ist ein Gegenbeispiel. Gott würde anders als der Herr handeln, nämlich gerecht!

Anton Bucher folgert aus diesen Ergebnissen, dass dieses und andere Gleichnisse erst nach der Grundschulzeit zu behandeln seien.

Eine Gegenstimme hierzu ist zunächst Hubertus Halbfass, der Kinder so früh wie möglich in die »Grammatik der religiösen Sprache« hineinlocken will. Er sieht sie bereits früher in der Lage, Alltagsmetaphorik zu verarbeiten (Bedeutung von Licht oder Salz), sodass ein früher Einstieg in die Thematik »Gleichnisse« möglich sei. Auch Ingo Baldermann machte mit der Bildsprache der Psalmen die Beobachtung, dass Kinder bereits früh mit Metaphorik umgehen können.

Biblische Ethik und Gebote

Ein weiteres Praxisfeld für entwicklungspsychologische Beobachtungen ist das Verständnis der Gebote. Lange Zeit wurden Gebote der Bibel als moralische Gesetze ausgelegt und biblische Geschichten als Abschreckungsbeispiele verwendet. Doch die biblischen Gebote sollen keine Angst machen, damit Menschen an Gott glauben. Besonders am Dekalog, den Zehn Geboten, wird deutlich: Die Gebote haben vielmehr die Funktion von Wegweisern, die unter dem Vorzeichen der gottgegebenen Freiheit stehen (»Ich bin der Herr, dein Gott, der dich aus Ägypten herausgeführt hat. Darum wirst du nicht ... «). So sind die Zehn Gebote keine Gesetze, sondern eine Richtschnur für Menschen; sie wollen Freiheiten garantieren.[27] Wer die Gebote im Sinne der zweiten Stufen von Oser/ Gmünder wahrnimmt, wird ihren eigentlichen Sinn als Wegweiser in der Freiheit verfehlen.

Kann jeder Ausleger der Bibel, ein Exeget, sein?

Die Entwicklungsphasen zeigen: In jeder Lebensphase gibt es Zugänge zur Bibel und die Möglichkeit, sie auszulegen. Selbst Kinder sind dazu in der Lage, intuitiv Exegese zu betreiben. Unkonventionelle Rezeptionswege und Ergebnisse von Kindern können als »Verstehensoptionen«[28] begriffen werden. Da ein Text nicht nur einen Sinn hat, sondern viele Sinne im Akt des Lesens provoziert, kann eine Textbedeutung nicht gegen eine höherwertige Bedeutung ausgespielt werden. Deshalb ist prinzipiell auch das Verständnis von Kindern im Hinblick auf den Text zu diskutieren. Belege für solche Verstehensoptionen finden sich in den »Jahrbüchern der Kindertheologie«, in denen Praxisbeispiele mit Kindern veröffentlicht werden, die zeigen, wie

---

27 »ReliBausteine Bibel«, 88. Arbeitsblatt zum Dekalog: »Wegweiser«.

28 Peter Müller, »Da mussten die Leute erst nachdenken ... « Kinder als Exegeten – Kinder als Interpreten biblischer Texte, in: Jahrbuch für Kindertheologie 2, Stuttgart 2003, 19–30.

»Theologisieren mit Kindern« auch mit schwierigen Texten geschehen kann.

Dennoch bedarf dieser Zugang der Begleitung. Untersuchungen wie die von Anton Bucher zeigen, dass man Kinder behutsam heranführen und teils vor zu schwierigen Texten auch schützen muss, um ihnen spätere Zugänge offenzuhalten. Dies sollte jedoch nicht dazu führen, von vornherein festzulegen, welche Texte zu schwierig für Kinder sind. Die Ergebnisse der Kindertheologie zeigen: Zwar kann die Auseinandersetzung mit schwierigen Texten wie Sodom und Gomorra (1. Mose 18–19)[29] oder Isaaks Bindung (1. Mose 22)[30] einzelne Kinder überfordern, sie kann aber lohnend sein in Gruppen, die von gut vorbereiteten und das Verstehen anleitenden Lehrenden moderiert werden.

Wichtig ist es für Lehrende zu wissen, auf welche Weise Kinder in bestimmten Entwicklungsphasen biblische Geschichten verstehen – dass sie beispielsweise zunächst die Schöpfungsgeschichte wörtlich nehmen, Wunder als physisches Phänomen einschätzen und Schwierigkeiten haben, Gleichnisse metaphorisch zu deuten. Doch sollte bereits früh an einem tieferen Verständnis der Bibelgeschichten gearbeitet werden. Wo dies nicht geschieht, ergeben sich zumeist in der Pubertät (Oser / Gmünder Stufe 3) Probleme. Konkret werfen Jugendliche im Nachhinein Lehrenden an der Grundschule oder im Kindergottesdienst vor, sie hätten ein falsches Gottesbild vermittelt (»Gott mit Bart«) oder »Lügengeschichten erzählt« (gemeint sind Wundergeschichten, deren Sinn nicht aufgeschlüsselt wurden). Im Hintergrund steht, dass sie selbst einst einen »deus ex machina« oder »do ut des«-Glauben hatten und diese Vorstellung nicht in einem offenen Prozess aufgearbeitet wurde.

Was ist also Aufgabe eines Lehrenden in den Entwicklungsphasen?
Kurz: Den Blick für ein besseres Verstehen theologischer Fragen und der Bibeltexte öffnen. Dazu gehört, Kinder bereits früh ...

- mit den Sprachformen der Bibel (Gleichnisse, Wundergeschichten) vertraut zu machen und sie langsam an die Mehrdeutigkeit der Bilder heranzuführen.
- in die biblische Suche nach den Gott angemessenen Ausdrucksformen hineinzunehmen. Dies macht Kindern klar, dass die biblischen Autoren letztlich genauso um Worte ringen, wie Gott zu beschreiben ist, wie sie selbst. So wird ihnen die Bibel als Buch des Glaubens bekannt, das ihnen hilft, in ein Gespräch über Gott und die Welt eintreten.

Die Bibel mit ihren mehrdimensionalen und tiefschichtigen Sprachformen ist dabei kein Hindernis, sondern sie ermöglicht diese Entwicklung geradezu, indem sie jeweils neu einen Anstoß gibt, über Glaubensfragen nachzudenken.

---

29 Hierzu Sabine Teuchert, »Das ist auch ganz schön schwierig in der Bibel«, in: Gerhard Büttner u. a., Jahrbuch für Kindertheologie, Sonderband Altes Testament, Stuttgart 2004, 71–83.

30 Christoph Th. Scheilke, Abraham in Kinderbibeln, in: Gottfried Adam u. a., Das Alte Testament in Kinderbibeln, Zürich 2003, 127ff.

Warum Bibel unterrichten? – Gründe für das Lernen mit der Bibel

Warum beschäftigen wir uns mit der Bibel in Schule und Gemeinde? Allein die Frage nach einer Begründung für den Einsatz der Bibel im Religionsunterricht wird von so manchem schon als Verrat an dem reformatorischen Grundprinzip »allein die Bibel« (sola scriptura) gesehen. Doch es ist Aufgabe jeder Didaktik, auch der Bibeldidaktik, sich die Frage nach der Begründung ihrer Inhalte zu stellen. Zu dieser Aufgabe kommt noch hinzu, dass diese Frage real von der Gesellschaft und von vielen Lernenden gestellt wird (siehe S. 9ff). Dabei wird ein grundsätzliches Problem der Bibel offenbar: Sie ist eine Sammlung von Worten und Erzählungen, die für bestimmte Zielgruppen vor langer Zeit aufgeschrieben wurde. Vielen Lernenden sind das Medium »Buch« sowie historische Zugänge fremd. Dies hat zur Folge, dass sich manch einer selten traut, mit Jugendlichen zwischen 12 und 16 Jahren biblische Texte im Religionsunterricht oder in der kirchlichen Arbeit zu behandeln. Daher muss man nach einer Begründung für den Einsatz fragen.

Gründe für die Beschäftigung mit der Bibel

»Weil man halt muss« – Juristische Begründung

Für Lehrende an Schulen gelten Lehr- und Rahmenpläne. In diesen sind biblische Geschichten als Inhalte vorgegeben. Die Bibel ist also Grundlage für einen kirchlich mitverantworteten Unterricht, wie es für den Religionsunterricht Grundgesetz Artikel 7,3 festlegt. Außer in Bremen und in Berlin gilt überall in Deutschland diese Regelung. Es gehört zur »positiven« Religionsfreiheit, dass Kinder und Jugendliche die Grundlagen ihrer Religionsgemeinschaft auch in der Schule kennen lernen können. Und die Bibel ist Basis der christlichen Religionsgemeinschaften, die Träger des Religionsunterrichts sind. So einfach eine solche Begründung klingt – sie reicht nicht aus, um einen Unterricht mit der Bibel zu begründen.

»Weil es zur Allgemeinbildung gehört« – Kulturgeschichtliche Begründung

Unsere Kultur ist in vielem beeinflusst von biblischen Überlieferungen. Dies betrifft beispielsweise die Sprache, Symbole, unser Normen- und Rechtssystem, Kunst, Literatur und Musik. Ohne die Kenntnis zentraler Bibeltexte kann man einen Großteil der Kultur kaum verstehen – sei es die Musik von Johann Sebastian Bach, Texte von Johann Wolfgang von Goethe oder die Mehrzahl der Kunstwerke in Museen. Will man den Streit über Werte und Normen verstehen (Frieden, Gerechtigkeit, Bewahrung der Schöpfung), muss man auf die biblischen Quellen zurückgreifen.

Eigentlich müssten auch andere Schulfächer stärker auf die biblischen Überlieferungen eingehen, besonders in Deutsch, Musik und Kunst, um die Wurzeln kultureller Werke überhaupt verstehen zu können. Dies geschieht meist zufällig. Hier böte sich schulisch auch die Möglichkeit vernetzter Unterrichtsprojekte.

Weil die Bibel Impulse für das eigene Leben gibt – Existentiale Begründung

Die Bibel kann eine Orientierungshilfe sein. Sie kann helfen, Erfahrungen des Lebens zu verarbeiten und ihnen Ausdruck zu geben, weil ihr die »Sprache religiöser Erfahrung« (Gerd Theißen, S. 40) zugrunde liegt. Emotionen werden in ihr ausgedrückt, Existenzprobleme werden thematisiert. Dazu gehört auch, dass die »Hoffnung gebende Kraft« der Bibel (Horst Klaus Berg, S. 38) zum Tragen kommt. Ingo Baldermann (S. 37) sagt hierzu, dass die Bibel Bilder und Worte bietet, die unnennbare Ängste, Sorgen, Hoffnungen zur Sprache bringen und helfen kann, diese zu thematisieren. So können Lernende schließlich mit diesen Erfahrungen umgehen lernen und Wege gezeigt bekommen, wie man im Sinne dieser Hoffnung leben kann.

Ein sicherer Umgang mit der Bibel ermöglicht es, in besonderen Situationen des Lebens Kraft zu tanken und Halt zu bekommen. In solchen Situationen kann sich zeigen, dass die Bibel mehr ist als ein Buch. Sie birgt in sich Antworten auf eine Vielfalt von Lebensfragen, die mit unserem Leben unmittelbar zu tun haben:

- Wo komme ich / Wo kommt die Welt eigentlich her? (Schöpfung)
- Welchen Sinn hat mein Leben als Mensch? (Anthropologie)
- Welche Grenzen habe ich? Warum wende ich mich vom Mitmenschen und von Gott ab? (Geschöpflichkeit; Sünde)
- Wie finde ich Freiheit und Selbstbestimmung? (Exodus; die befreiende Kraft Gottes)
- Wieso gibt es Unrecht in der Welt und was kann man dagegen tun? (Prophetie als kritische Instanz; Ethik)
- Worauf darf ich hoffen? Wo geht es mit der Welt hin? (Reich Gottes; Auferstehung; Offenbarung)

Auf all diese Fragen geben die biblischen Erzählkomplexe und Texte Antworten (siehe S. 58ff). Ingo Baldermann spricht dabei von der Bibel als einem eigenständigen »Subjekt«, die mit dem Menschen in Dialog tritt (S. 37). Daher sollte man auf die Fragen hören, die hinter den biblischen Texten stehen und den »Sitz im Leben« der Texte analysieren. So kann der existentiale Gehalt der biblischen Texte von den Lernenden erfasst und die Bibel Orientierungshilfe und eine Lebensbegleiterin werden.

»Weil die Bibel die Grundlage des christlichen Glaubens ist« – Religionsphänomenologische Begründung

Die Bibel ist die Basis zum Verständnis des Christentums. Ob man nun von einem reformatorischen »sola scriptura« (»allein die Heilige Schrift«) oder von einer katholischen Verschränkung von Tradition und Bibel ausgeht: Alle christlichen Glaubensrichtungen sehen die Bibel als »Ur-Kunde« (Gerhard Ebeling) des Glaubens. Wer also im christlichen Kontext lehrt, muss immer auch das »Bibel Unterrichten« im Blick haben. Dazu darf mir selbst die Bibel, um ein Bild aus der Offenbarung des Johannes zu verwenden, kein fremdes »Buch mit sieben Siegeln« sein. Um Kinder und Jugendliche an den christlichen Glauben heranzuführen, bedarf es einer »biblischen Alphabetisierung« (Gerd Theißen, S. 40f) oder auch dem Überreichen von »Schlüsseln zur Bibel« (Peter Müller, S. 41f). Um Lernenden selbst solche »Schlüssel zur Bibel« an die Hand zu geben, benötigen sie Bibelausgaben, die Zugänge und Erklärungen bieten. Dies kann über ein »Schwere-Wörter-Verzeichnis« wie in der »Kinderlesebibel« für Erstleser/innen oder über Themenseiten und Randspalten in »Die Bibel elementar« für die Älteren geschehen.[31]

Bibel als Unterrichtsgegenstand – Traditionsgeschichtliche Spuren

Um den letzten Grund verstehen zu können, muss man sich bewusst machen, dass die Bibel immer schon Basis der jüdisch-christlichen Tradition und Gegenstand des Lernens war. Judentum und Christentum sind Religionen, bei denen die Offenbarung Gottes in ihren Heiligen Schriften zu finden ist. Deshalb entwickelte zunächst das Judentum Wege, wie man sich intensiv mit der Heiligen Schrift auseinandersetzen kann. Noch heute ist die »Halacha«, die jüdische Auslegung der Tora für den Alltag, Grundlage für den Umgang mit Grundfragen des Lebens. In der Erziehung werden Mädchen mit zwölf, Jungen mit dreizehn Jahren zu Bat und Bar Mitzwa (»Tochter und Sohn der Pflicht«). Zuvor lernen Jugendliche das Lesen der Tora vor der Gemeinde (Mädchen nur in reformierten Gemeinden). Im Unterricht werden sie zur Auslegung der Heiligen Schriften, des »Tenach« (= Tora: die Bücher Mose; Nebiim = die Propheten; Ketubim = die Schriften) angeleitet.

---

31 Michael Landgraf, Kinderlesebibel, Göttingen 2011 und »Die Bibel elementar«.

Jesus und Paulus wurden in dieser Tradition erzogen und lernten wahrscheinlich in ihrer Jugend, die Heilige Schrift auszulegen. Lukas reflektiert dies in der Geschichte vom zwölfjährigen Jesus im Tempel (Lk 2,41–52). Dass Jesus von seinen Jüngern offensichtlich als »Rabbi« angesprochen wurde, deutet darauf hin, dass er für seine Anhänger als »Lehrer«, als Ausleger und Vermittler des göttlichen Willens, angesehen wurde.

Von Paulus wird berichtet, dass er vor seiner Bekehrung ein eifernder Schriftgelehrter war. Da wie Paulus die ersten Christen Judenchristen waren, suchen sie in ihren – den jüdischen – Heiligen Schriften nach Deutungen der Ereignisse um Jesus. Insofern waren diese Schriften auch Gegenstand des Lehrens und Lernens. In den ersten Jahrhunderten nach Christus wurde dann danach gefragt, welche Verbindungen es zwischen den Heiligen Schriften des Judentums und den Texten gibt, die vom Wirken des Christus Jesus berichten. Es gab Strömungen, die eine Beseitigung der alttestamentlichen Schriften aus einem christlichen Kanon und damit aus der Lehre forderten (z. B. Markion, um 150 n. Chr.). Auch gab es eine Vielzahl von Evangelien, unechten Apostelbriefen und Apokalypsen, die in unterschiedlichen Regionen des römischen Reiches verbreitet waren. Erst die **Kanonbildung** im vierten Jahrhundert setzte der Diskussion um die biblischen Texte ein Ende und schuf so die Bibel in der heutigen Form als Grundlage der christlichen Lehre. Dennoch tauchte auch später immer wieder die Forderung auf, dass das Alte Testament in der Heiligen Schrift der Christen keinen Platz hätte – besonders in der NS-Zeit. Martin Luther hat durch die Kennzeichnung einiger Schriften als »Apokryphen« ebenfalls in die Frage eingegriffen, welche Texte wichtiger oder weniger wichtig für die christliche Lehre seien.

Bibellernen in der ausgehenden Antike und im Mittelalter bezog sich zumeist auf Texte für liturgische Zwecke. Die ältesten Zeugnisse von Handschriften sind Lernhefte aus Papyrus, die neben dem Vaterunser auch ausgewählte Psalmen enthalten.[32] Psalmen waren zentral für Liturgie und Gebet. Um das Jahr 800 gab es unter Kaiser Karl dem Großen eine Reform des Schulwesens. Dazu gehörte die Festlegung von Latein als Sprache für Liturgie und Bibel, die in Kloster- und Domschulen im fränkischen Reich vermittelt werden sollte (»Admonitio generalis« von 789). Da es Bibelausgaben für die Schülerhand noch nicht gab, dienten riesige Folianten mit Psalmen (Psalterien) und Evangelien (Evangeliare) zum Lernen.

Andere biblische Texte der Zeit, die schon vor der Reformation als Lernstoff in Schulen und in der kirchlichen Unterweisung dienten, wurden aufgrund ihrer **ethischen Bedeutung** ausgewählt. Verhaltensnormen der Zeit sollten so biblisch begründet werden. Der Dekalog spielte dabei eine besondere Rolle.[33] In vorlutherischer Zeit wurde anhand der Gebote bereits gutes und schlechtes Verhalten gegenübergestellt.

---

32 Jürgen Schefzyk, Alles echt. Älteste Belege zur Bibel aus Ägypten, Darmstadt 2006.
33 Michael Landgraf, Kinderbibel damals – heute – morgen, Neustadt a.d.W. 2009, 5–11.

Eine dritte Kategorie von Lerntexten bezog sich auf die **Heilsgeschichte**. Viele Kirchen waren mit Bildern der Passions- und Ostergeschichte (Kreuzweg) ausgestattet. Dadurch konnte das Zentrum biblischer Heilsgeschichte gelernt werden. In »Armenbibeln« wurden typologisch der Passionsgeschichte auslegende Texte aus dem Alten Testament zugeordnet.[34]

Schließlich spielte die Offenbarung des Johannes eine große Rolle, da bis in die Reformationszeit die Einstellung herrschte, dass die **Endzeit** bald anbrechen würde. So ist noch in Martin Luthers erster Ausgabe seines Neuen Testaments 1522 fast ausschließlich die Offenbarung illustriert.

Als biblisches Lernmittel gab es noch in der Reformationszeit keine Vollbibel für Kinderhände. Anhand von Einzeldrucken wie einem **Abecedarium** konnte man mit dem Vaterunser Lesen und Latein lernen. Philipp Melanchthons weit verbreitetes Schulbuch »Enchiridion elementarum puerilium« (Latein 1523: Deutsch: 1529) hatte zum Inhalt das ABC und eine Grammatik, das Avemaria, das Apostolicum, Lieder, Gebete, das Vaterunser, Psalm 66,2–8, den Dekalog, die Bergpredigt, Römer 12, Johannes 13 und Sprüche.

Der »Decalogus« (um 1400) zeigt gutes und schlechtes Verhalten, hier am Beispiel Sabbatgebot.

Armenbibeln legen die Passionsgeschichte durch Hinweise auf das Alte Testament aus.

34 Siehe »ReliBausteine Bibel«, 131.

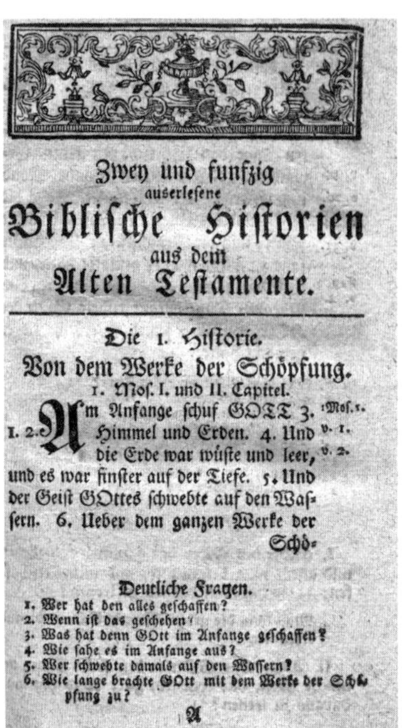

Zwey und funfzig
auserlesene
Biblische Historien
aus dem
Alten Testamente.

Die 1. Historie.
Von dem Werke der Schöpfung.
1. Mos. I. und II. Capitel.

Am Anfange schuf GOTT 3. 1 Mos. 1.
1. 2. Himmel und Erden. 4. Und v. 1.
die Erde war wüste und leer, v. 2.
und es war finster auf der Tiefe. 5. Und
der Geist GOttes schwebte auf den Wassern. 6. Ueber dem ganzen Werke der
Schö-

Deutliche Fragen.
1. Wer hat den alles geschaffen?
2. Wenn ist das geschehen?
3. Was hat denn GOtt im Anfange geschaffen?
4. Wie sahe es im Anfange aus?
5. Wer schwebte damals auf den Wassern?
6. Wie lange brachte GOtt mit dem Werke der Schöpfung zu?

A

Zweimal zwei und fünfzig
biblische Geschichten
für
Schulen und Familien.

Mit Abbildungen.

Einundzwanzigste Auflage,
gedruckt mit Metzler'schen Stereotypen.

Preise:
Bei unmittelbarer Bestellung in Calw und gegen Vorausbezahlung kostet das Exempl. roh 12 kr., Parthieen von 25 Ex. roh 3 fl. 45 kr., im Buchhandel einzeln roh 4 ggr. oder 16 kr., in Parthieen 3 ggr. oder 12 kr.

Calw,
in der Vereinsbuchhandlung.
Stuttgart,
in Commission bei J. F. Steinkopf.

— 6 —

euch unterthan!" — So ward der sechste Tag; und Gott sah an Alles, was Er gemacht hatte, und siehe da, es war sehr gut!

Nun aber merket, liebe Kinder! was Gott am siebenten Tage gethan hat. Er hat den Sabbath geordnet, und uns den Tag der Ruhe gemacht. Denn am siebenten Tag ruhete Gott von allen Seinen Werken, die Er machte, und segnete den siebenten Tag, und heiligte ihn; darum, daß Er an demselben geruhet hatte von allen Seinen Werken, die Er schuf und machte.

2. Der Sündenfall.

Es war ein schöner Garten, den Gott gepflanzt, und in welchen Er den Menschen gesetzt hatte. In diesem Garten standen Bäume aller Art, lustig anzusehen und gut zu essen. Mitten im Garten standen zwei besonders wichtige Bäume, der Baum des Lebens und der Baum der Erkenntniß des Guten und Bösen. Von diesem letzteren hatte Gott dem Menschen zu essen verboten, und gesagt: „Du sollst essen von allen Bäumen im Garten; aber von dem Baum der Erkenntniß des Guten und Bösen sollst du nicht essen; denn welches Tages du davon issest, wirst du des Todes sterben!"

Abb. Oben: Johann Hübners »Zwei mal zwei und fünfzig auserlesene biblische Historien« (Hamburg, seit 1714); Abb. unten: Christian Gottlob Barth »Zweimal zwei und fünfzig biblische Geschichten für Schulen und Familien« (Calw, seit 1831).

Für die Reformatoren war das Prinzip »sola scriptura« (»allein die Schrift«) eine entscheidende Formel. In ihr spiegelt sich die Erkenntnis, dass die Bibel Grundlage des Lebens und Glaubens sein sollte. Die Schrift, nicht die kirchliche Tradition, war damit Basis der Glaubenslehre. Doch die Bibel in den Händen von Menschen, besonders in den Händen von Kindern, das war kaum vorstellbar. Die Lesefähigkeit breiter Bevölkerungsschichten war noch nicht vorhanden und eine gedruckte Bibel war viel zu teuer. So kostete ein ungebundenes Exemplar das Jahresgehalt eines Schulmeisters. Allerdings gibt es Hinweise, dass im schulischen Bereich auch die Vollbibel eingesetzt wurde. Nach der Homberger Kirchenordnung (1526) wurde zu Beginn und am Ende des Unterrichts aus der Bibel vorgelesen. Melanchthon empfahl 1528 die kursorische Bibellektüre von Matthäus und der Timotheusbriefe. Diese Tradition griff der Pietismus im 17. und 18. Jahrhundert auf. Die Frankeschen Anstalten in Halle führten Melanchthons Empfehlung bis ins 19. Jahrhundert fort. In dieser Zeit kam auch die Forderung auf, die *Bibel als persönliche Antwort Gottes an den Einzelnen* zu begreifen. So arbeitete man auf eine persönliche Bibellektüre hin, indem man die Bibelherstellung, Verbreitung und die Lesekompetenz förderte. Allerdings gab es auch einige Merkwürdigkeiten. Schnellaufschlagübungen im Unterricht wurden als Attraktion im Gottesdienst vorgeführt. An Schulen fanden Bibellesekurse statt, in denen man acht Monate lang die Bibel ohne Kommentar laut vorlas, um dann wieder von vorne anzufangen. Eine Auseinandersetzung mit den Inhalten fand kaum statt.

Eine besondere Rolle spielten Bilderbibeln, »Biblische Geschichten« oder »Biblische Geschichte«. Diese Auswahlbibeln boten einen Überblick über rund hundert biblische Texte, die als relevant für den Glauben eingeschätzt wurden. Die Bezeichnung »Biblische Geschichten« bedeutet dabei, dass Wert auf die Kenntnis der Geschichten selbst gelegt wurde. »Biblische Geschichte« hingegen nahm das Erfassen der Heilsgeschichte in den Blick. 1714 erschien mit Johann Hübners »Zwei mal zwei und fünfzig auserlesene Biblische Historien« das meistverbreitete Schulbuch zu biblischen Geschichten. Der kurzen Nacherzählung biblischer Texte wurden als didaktischer Dreischritt »deutliche Fragen«, »nützliche Lehren« und »gottselige Gedanken« beigefügt. Diese sollten die persönliche Lektüre oder den Vortrag eines Lehrers unterstützen. Bis 1902 wurde Hübner nachgedruckt. Seit dem 19. Jahrhundert waren solche Bibelausgaben, die von der Erweckungsbewegung oder vom Rationalismus geprägt waren, in Schulen verbreitet.[35] Kritiker dieser Bibelübertragungen bemängelten die Auswahl, die Sprache, die Moralisierung und die Charakterisierung biblischer Personen. Dennoch blieben »Biblische Geschichten« bis in die 1960er Jahre in Gebrauch. Die wichtigsten davon waren:

- Christoph Schmids »Biblische Geschichte« (seit 1801); sie war die Standardausgabe für katholische Schüler. Kritisch gesehen wurde der bevormundende und moralisierende Ton.

35 Siehe hierzu Michael Landgraf, Kinderbibel damals – heute – morgen, Neustadt a.d.W. 2009, 22–34.

- Johann Peter Hebels »Biblische Geschichten« (ab 1824) legten Wert auf spannende Erzählweise.
- Christian Gottlob Barths »Zwei mal Zweiundfünfzig biblische Geschichten« (Calwer Verlag, seit 1831) ist die meistübersetzte Kinderbibel der Welt (87 Sprachen) und brachte für den Einsatz in Schule und Mission die Bibelgeschichten auf den Punkt.
- Franz Ludwig von Zahns »Biblische Geschichte« (ab 1831) war besonders in Preußen verbreitet und verband durch einen kirchengeschichtlichen Anhang Heilsgeschichte mit realer Geschichte.
- Jörg Erbs »Schild des Glaubens« (ab 1941) war bis Ende der 1960er Jahre die verbreitetste Biblische Geschichte.

Einen besonderen Einfluss auf das Bibellernen hatten Künstler der Zeit, deren Illustrationen Lernbibeln zierten. So wirkt bis heute das Gottesbild der Nazarener, einer Kunstrichtung des 19. Jahrhunderts nach, deren prominentester Vertreter Julius Schnorr von Carolsfeld war.

Julius Schnorr von Carolsfeld, Schöpfung (um 1860)

Die Bibel in den religionspädagogischen Konzeptionen des 20. Jahrhunderts

Zu Beginn des 20. Jahrhunderts hatten die meisten Schülerinnen und Schüler in Deutschland ein biblisches Lehrbuch, in dem Bibeltexte kurz auf den Punkt gebracht waren. Noch war die Memoriermethode die Regel, bei der eng nach den Inhalten der Bibelgeschichte gefragt wurde. Doch seit dem 19. Jahrhundert wurden als methodischer Zugang die »Formalstufen« nach Johann Friedrich Herbart (1776–1841) und Tuiskon Ziller (1817–1882) entwickelt, die in Lehrplänen zu Beginn des 20. Jahrhunderts auch für den Bibelunterricht empfohlen wurden:

- *Klarheit* über Vorbereitung (Analyse) und Präsentation einer Bibelgeschichte
- *Assoziation* als Umgang mit dem neuen Wissen durch ein freies Unterrichtsgespräch
- *System* als Ordnen des neuen Wissens in das *System* des vorhandenen Wissens
- *Methode* als das Einüben und Anwenden des neuen Wissens.

Konkret wurde im Blick auf Bibelgeschichten ein methodisches Vorgehen gefordert. Historisch-kritisch sollte eine zeitgeschichtliche Einordnung des Textes und Untersuchung der Bibelgeschichte im Kontext anderer Bibeltexte, aber auch die ethische Anwendung erfolgen. In dieser Zeit entstand die **Religions- und Bibeldidaktik als eigenständige Disziplin**, die sich von der kirchlichen Katechetik abhob, da sie den Bereich der Schule in den Blick nahm.

Liberale Religionsdidaktiker wie Richard Kabisch (1868–1914) und Friedrich Niebergall (1866–1932) bezogen neben der Methodik auch die Religionspsychologie in ihre Überlegungen mit ein. Ihr Ziel war die Erziehung zur »religiös-sittlichen Reife« und die Erweckung eines »religiösen Gefühls«. Die Bibel war die Grundlage, aus der sittliche Werte und biblische Vorbilder wie Jesus erschlossen werden konnten.

Gegen diese formale und abstrakte Umgangsweise mit der Bibel regte sich Ende der 1920er Jahre Widerspruch. Gerhard Bohne (1895–1977) und später Helmut Kittel (1902–1984) begründeten die »**Evangelische Unterweisung**«, die mit Bezug auf den Theologen Karl Barth auch »Dialektische Religionsdidaktik« genannt wurde. Bohne wandte sich bereits 1929 gegen die Methodik und betonte, dass im Unterricht eine »lebendige Begegnung« mit dem Wort Gottes stattfinden soll, vermittelt durch den im Glauben verankerten Lehrer. Die Bibel dürfe nicht funktionalisiert werden, sondern sei als Wort Gottes eigenständig und bewirke in der Begegnung mit ihr den Glauben. Lernende sollten erfahren, dass die Bibel wie ein Rettungsanker in einer sündigen Welt ist. Von Brisanz war dieser Ansatz in der **NS-Zeit.** Die Glaubensbewegung der »Deutschen Christen« setzte sich dafür ein, das Alte Testament aus dem Religionsunterricht zu entfernen und das nationalsozialistische Weltbild im Religionsunterricht zu verankern. Dagegen erhoben sich Vertreter der Evangelischen Unterweisung wie Martin Rang oder Oskar Hammelsbeck und betonten: Nur die Bibel als Ganzes ist Richtschnur für den Glauben. Nach dem Zweiten Weltkrieg war die **»Evangelische Unterweisung«** bis in die 1960er Jahre das Leitmodell für den Religionsunterricht – inspiriert durch das Buch »Vom Religionsunterricht zur Evangelischen Unterweisung« von Helmuth Kittel (1947). Lernmittel waren Martin Rangs »Biblische Geschichte« oder Jörg Erbs »Schild des Glaubens«. Erbs Textgrundlage war eine freie Erzählung, angelehnt an den Luthertext. Das Buch bot keine methodischen Hilfen, sondern war als Instrument der Verkündigung im Religionsunterricht gedacht.

Mit der didaktischen Wende in den 1960ern wollte der **»Hermeneutische Religionsunterricht«** (Martin Stallmann) der »Verzweckung« der Bibel entgegenwirken. Man verzichtete weitgehend auf ein Überblickwissen und lehrte historisch-kritische Methodik, die die Lernenden in die Lage versetzen sollte, sich kritisch-konstruktiv mit den biblischen Texten auseinanderzusetzen. Dadurch sollte den Lernenden die Möglichkeit geboten werden, ihre Existenz von der Bibel her zu interpretieren.

Dieser Weg genügte jedoch den didaktischen Erfordernissen der Zeit nicht. Der folgende **»Problemorientierte Religionsunterricht«** (Hans Bernhard

Kaufmann; Karl Ernst Nipkow) setzte biblische Texte zu persönlichen und gesellschaftlichen Problemen in Beziehung. Hans-Bernhard Kaufmann[36] betonte, dass der Religionsunterricht den allgemeinen Bildungsaufgaben der Schule verpflichtet sei und daher durch eine Wechselbeziehung von Inhalten, Medien, Methoden und den sozialen Formen (Gruppenprozessen) gekennzeichnet sein müsse. »Thematisch-problemorientiert« bedeutet, dass die Lebenswelt der Lernenden die Voraussetzung allen Lernens bildet. Wenn biblische Überlieferung und christliche Tradition an Einfluss verlieren, dann können ihre Inhalte nicht mehr als gemeinsamer Bezugsrahmen des Welt- und Selbstverständnisses in Anspruch genommen werden. Eine Auswahl der Inhalte muss an den Erfahrungen, Interessen, Problemen und Themen der Lernenden orientiert sein. Eine Ableitung der Inhalte aus dogmatischen Systemen oder einer Bibelkunde wird abgelehnt. Jedoch wurde die Bibel nicht gänzlich über Bord geworfen, wie dem Ansatz unterstellt wurde. Beeinflusst durch das Korrelationsmodell des Theologen Paul Tillich setzte man Lebensfragen und die Antworten der Bibel miteinander in Beziehung.

Eine Weiterführung war der **sozialisationsbegleitende-therapeutische Ansatz** (Dieter Stoodt). Er wollte die bisherigen hermeneutischen und problemorientierten Ansätze verbinden und zur Klärung von Wert- und Sinnfragen in der Gesellschaft sowie zur Aufarbeitung von Sozialisationsdefiziten mithilfe der Bibel beitragen. Für ihn sind besonders die Jesusgeschichten wichtig, da sie seiner Meinung nach verdeutlichen, dass Jesus für Benachteiligte da war und gesellschaftlichen Fehlentwicklungen entgegenwirkte. Der Vorbildcharakter Jesu solle sich so auf die Lernenden auswirken.

Der **symboldidaktische Religionsunterricht** (Peter Biehl) beruft sich auf die Erfahrung, dass uns eine Vielzahl von Symbolen umgeben, die aus sich heraus verständlich sind und erschlossen werden können. Die Schüler/innen lernen dabei, ihr Welt- und Gottesverständnis zu entwickeln. Ein Ziel der Symboldidaktik ist das Erschließen von Symbolen, die eine Brücke zwischen Lernenden und dem Bibeltext bilden. An Symbolen wie dem »Weg« (Weggeschichten der Bibel – z. B. Abraham, Exodus, Paulus) könne allgemein angeknüpft, an speziellen wie dem »Kreuz« müssten Bezüge stärker vermittelt werden.

Einen anderen Blick auf die Bibel wirft der **»Religionsunterricht in interreligiöser Perspektive«** (Johannes Lähnemann). Das Ziel, Lernende auf eine Begegnung mit anderen Religionen vorzubereiten, könne nur gelingen, wenn man sich in der eigenen Religion auskennt. Die Kenntnis der Bibel sei für christliche Schüler wichtig, um sich mit anderen über die Grundlagen des Glaubens auszutauschen und »Zeugnis« über den eigenen Glauben abzulegen. Aber auch aus der Bibel selbst heraus ergebe sich der interreligiöse Dialog, da sie eine universale Botschaft enthalte, in der die Begegnung mit der Welt und damit auch mit anderen Glaubensrichtungen angelegt sei.

---

36 Hans-Bernhard Kaufmann, Problemorientierter thematischer Religionsunterricht«, in: Dietrich Zilleßen, Religionspädagogisches Werkbuch, Frankfurt a. M. u. a. [2]1972, 102–109.

Der »**Performative Religionsunterricht**«[37] (Bernhard Dressler, Thomas Klie) erkennt, dass nicht mehr allein das Wissen (»gelehrter Glaube«) genügt, sondern dass es einer Brücke zu den vielfältigen Formen des »gelebten Glaubens« bedarf. Lernende sollen »Regisseure einer Neuinszenierung« religiöser Inhalte sein. Dabei werden Begriffe wie »Performance« im Sinne von »Nachspielen« eines Rituals und »Performativität« im Sinne der Sprechakttheorie als eine »Sprechhandlung« (Beispiel: »Ich taufe Dich«, etc.) verwendet.[38] Ein performativer Religionsunterricht soll »Proberäume« (Freiraum) bereitstellen, in denen Lernende manches »ausprobieren« können – beispielsweise zu beten, liturgisch zu handeln oder in der Bibel zu lesen. Die Bibel solle so ein »Lebewort« statt ein »Lesewort« sein (unter Bezug auf Martin Luther). Thomas Meurer fordert demgegenüber,[39] dass Bibeltexte dabei nicht zur Spielwiese werden dürfen, die der »Selbsttätigkeit« des Textes zu wenig Spielraum lasse. Hier müsse der Lehrer Anwalt des Bibeltextes sein.

Ansätze aktueller Bibeldidaktiker

Die didaktischen Modelle des 20. Jahrhunderts zeigen, dass bis in die 1960er Jahre von den Inhalten der Bibel her der Religionsunterricht definiert und unterrichtet wurde. Ein Ergebnis der didaktischen Wende war, dass der Unterricht nicht allein von der Bibel her begründet werden kann, sondern die Lebenswirklichkeit der Lernenden im Blick haben muss. Alle Ansätze seit den 1970er Jahren versuchen daher eine Korrelation, eine Begegnung zwischen der Lebenswelt der Schüler/innen und der Bibel herzustellen und dadurch eine Antwort auf die Frage nach dem »Warum« zu geben. Seither gibt es auch eine Reihe von Ansätzen, die dezidiert eine Bibeldidaktik entwickeln.

Ingo Baldermann[40]

Baldermans Grundthese ist: Die Bibel ist von existentieller Bedeutung, da sie Antwort auf die Probleme des Menschen gibt. Daher ist sie ein »Buch des Lernens«, das auch ohne Vorwissen gelesen werden kann, weil in ihr die großen Fragen des Lebens beantwortet werden.

---

37 Thomas Klie / Silke Leonhard, Schauplatz Religion. Grundzüge einer performativen Religionspädagogik, Leipzig 2003, 10.

38 Vgl. Hannah Roose, Performativer Religionsunterricht zwischen Performance und Performativität, in: Loccumer Pelikan 3/2008.

39 Vgl. Thomas Meurer, Performative Religionspädagogik. Größe und Grenze eines Trends, in: Herder Korrespondenz. Monatshefte für Gesellschaft und Religion, 63. Jahrgang, Heft 7, Juli 2009, 375–377.

40 Ingo Baldermann, Die Bibel – Buch des Lernens, Grundzüge biblischer Didaktik, Göttingen 1980.

Elementare biblische Aussagen sollen Kindern so früh wie möglich zugänglich gemacht werden – ohne unbedingt den Graben der Geschichte zu thematisieren oder sich auf Methoden zu konzentrieren. Kinder entdecken in der Begegnung mit Bibeltexten Aussagen, die ihnen Orientierung, Sinn und Hoffnung geben. Dies mache sie sprachfähig, sich über ihre eigene Suche nach Orientierung, Sinn und Hoffnung auszudrücken.

Für Baldermann wird die Bibel so zu einem Gesprächspartner, zu einem »Subjekt«, das Menschen lebenslang für einen Dialog über die Lebensfragen bereitsteht. Diese Lebensfragen kommen in Krisensituationen wie Not und Trauer, in der Bedrohung durch die Umweltzerstörung oder Kriegsangst.

Die Gründe für die Beschäftigung mit der Bibel liegen bei Baldermann in der Seelsorge begründet – weil die Bibel die Sprache unserer Erfahrungen (»elementare Strukturen«) spricht:

- die Sprache der Ermutigung (Verheißungen der Bibel)
- die Sprache der Menschlichkeit (Tora – die Weisung, das Gebot)
- die Sprache der Angst (Klage und Bitte)
- die Sprache der Freude (Lob und Dank)
- die Sprache der Einsicht über die Welt (Weisheit, Spruchformeln).[41]

Man soll die Bibel lesen, weil sie Worte zum Leben (Psalmen), Geschichten gegen den Tod (Jesusgeschichten), die Sprache der Gerechtigkeit (Prophetenworte) und die Hoffnung auf Auferstehung enthält. Die Kenntnis dieser Sprache und das Vermögen, diese nachzusprechen, können bei der Bewältigung von Problemen und Lebensfragen helfen.

Horst Klaus Berg[42]

Bergs Grundthese lautet: Die Bibel befähigt zur kritischen Auseinandersetzung mit Problemen und zu deren Bewältigung. Wie Baldermann erkennt auch Berg die Sprachkraft der Bibel und deren Fähigkeit zur Problembewältigung. Doch legt er stärker den Schwerpunkt auf die Methoden, wie die Bibel zur Hilfe werden kann. Berg stellt seiner »Bibeldidaktik« eine Umfrage unter Jugendlichen voran, die zu dem Ergebnis kommt: Die Bibel ist für sie ein Buch für alte, kranke Leute. Sein Ziel ist es, dass die Bibel jungen Menschen in ihren alltäglichen Konflikten Orientierung und Hoffnung geben kann. Dazu schlägt er einen Dreischritt vor, der an der Erfahrung der Jugendlichen anknüpft:

- Analyse der Lebenssituation der Jugendlichen
- Ermitteln der existentiellen Grundfragen der jungen Menschen
- Ausgewählte Bibelgeschichten als Orientierungs- und Hoffnungsmöglichkeit ins Spiel bringen.

---

41 Ingo Baldermann 1980, 21–50; Ders., Wer hört mein Weinen? Kinder entdecken sich selbst in den Psalmen, Neukirchen ^{2}1989.

42 Horst Klaus Berg, Grundriss der Bibeldidaktik, Stuttgart 1980.

Berg legt Wert auf die historisch-kritische Exegese, die er mit befreiungstheologischen, tiefenpsychologischen und symboldidaktischen Ansätzen verbindet, um den »alten« Text ins Heute zu übersetzen.

Die Arbeit mit dem Text soll in Form von Interaktion geschehen, was seiner Ansicht nach der kommunikativen Struktur der Bibel entspricht. Er kommt zur Einsicht, dass die Bibel sechs theologische Grundaussagen (»Abbreviaturen«) beinhaltet. Er nennt sie »**biblische Grundbescheide**«:

- *Gott schenkt Leben*
- *Gott stiftet Gemeinschaft*
- *Gott leidet mit und an seinem Volk*
- *Gott befreit die Unterdrückten*
- *Gott gibt seinen Geist*
- *Gott herrscht in Ewigkeit.*

Darauf muss sich der Unterricht besinnen, wenn er eine Antwort auf die Lebensfragen der Jugendlichen und besonders auf die Bedrohungen, die diese umgeben, bereithalten will.

Grundlegend fasst Berg seinen Ansatz zusammen (10):

> *»Im Religionsunterricht sind die biblischen Inhalte so auszuwählen,*
> *dass junge Menschen ihre kritische und befreiende Dynamik*
> *und die in ihnen aufbewahrte Hoffnungskraft*
> *erkennen und annehmen können;*
> *junge Menschen sind zur kritischen Analyse*
> *ihres Lebens und ihrer Welt zu befähigen,*
> *damit sie die befreienden Impulse der biblischen Überlieferung*
> *als eine ihnen zugedachte Chance zur Veränderung*
> *erkennen und annehmen können.«*

Daraus werden die Gründe für eine Beschäftigung mit der Bibel abgeleitet:

- Weil sie Hoffnung gibt angesichts der Hoffnungslosigkeit in der Welt.
- Weil sie Modelle gelingenden Lebens im Gegenüber zu Zwang und Fremdbestimmtheit in der Welt bietet.
- Weil sie an die Geschöpflichkeit und Unvollkommenheit erinnert angesichts eines dauernd geforderten Perfektionismus in unserer Gesellschaft.
- Weil sie aufzeigt, wie ein Gemeinschaftsleben funktionieren kann angesichts der Anonymität, die herrscht.
- Weil sie ein ganzheitliches Lebenskonzept bietet statt einer zerstückelten Lebenswelt.
- Weil man durch die Auseinandersetzung mit der Bibel befähigt wird, diesen Bedrohungen zu begegnen.

Gerd Theißen[43]

... möchte »zur Bibel motivieren« und entwirft eine »offene Bibeldidaktik«, die dezidiert das Gespräch mit dem Glauben kritisch gegenüberstehenden Menschen sucht. Daher setzt Theißen bildungstheoretisch an: Es gehöre zur Bildung, dass jeder – unabhängig von seinem Glaubenshintergrund – mit der Bibel umgehen könne. Deshalb lädt er auch säkulare Kreise ein, in einen Dialog mit der Bibel einzutreten und formuliert als Ziel, dass es ihm primär um das »Verständnis« und weniger um das »Einverständnis« gehe.[44]

Er begründet sein Vorgehen mit der wirkungsgeschichtlichen Bedeutung der Bibel: Weil die Bibel ein wichtiges Buch für das Verständnis der Kultur ist, sollte sie jeder kennen. Sie spiegelt die »Sprache religiöser Erfahrung« wider, die man verständlich machen muss. Wer diese Sprache verstehen gelernt hat, kann nicht nur mit der Kultur, sondern auch mit sich selbst umgehen. Diese Sprache liege nämlich in jedem Menschen begründet.

Die Beschäftigung mit der Bibel bringt damit nicht nur ein Wissen mit sich, sondern sie provoziert auch zu einem eigenen Standpunkt und einem tieferen Selbstverständnis. Dies ist angesichts der vielen konkurrierenden Weltanschauungen in der heutigen Gesellschaft wichtiger denn je.

Theißen nennt unterschiedliche Gründe, warum man sich mit der Bibel beschäftigen soll:

- Die Bibel leistet einen Beitrag zur Bildung
- Die Bibel hilft, Wirklichkeit zu erschließen
- Die Bibel hilft, das Selbstverständnis, die Kommunikation und die Weltsicht von Menschen damals und heute zu verstehen.

Wie Berg versucht Theißen, durch eine systematische Auswahl bestimmte Schwerpunkte der Bibel festzulegen. Er entdeckt 14 Grundmotive in der Bibel:

- Positionswechselmotiv
- Rechtfertigungsmotiv
- Gerichtsmotiv
- Agapemotiv
- Glaubensmotiv
- Einwohnungsmotiv
- Stellvertretungsmotiv
- Exodusmotiv
- Umkehrmotiv
- Hoffnungsmotiv
- Entfremdungsmotiv
- Wundermotiv
- Weisheitsmotiv
- Schöpfungsmotiv

Während diese Motive sich gegenseitig ausbalancieren und dabei mal mehr, mal minder wichtig sind, nennt Theißen als Grundpfeiler der biblischen Botschaft zwei Grundaxiome, also nicht hinterfragbare Bedingungen des Glaubens: **Monotheismus** und **Erlöserglaube.**[45] Der Glaube an den einen Gott, der seine Schöpfung und die Menschen nicht alleine lässt, sondern

43 Gerd Theißen, Zur Bibel motivieren, Gütersloh 2003.

44 Theißen, 110.

45 Theißen, 133ff.

ihnen eine Zukunft bereithält, ist nicht diskutierbar, sondern Grundlage biblischen Denkens. Im Christentum tritt daneben der Glaube an den Erlöser Jesus Christus. Daneben sind die vierzehn Grundmotive ergänzungsfähig und offen zu verstehen, wie ein »Regelgefüge mit Überschneidungen und Berührungen, einem Mobile vergleichbar, das immer in Bewegung ist und doch eine verborgene Struktur enthält.«[46]

Am Beispiel des Wundermotivs macht er deutlich: Wunder werden gegen die Resignation erzählt, die man sich selbst zufügt. Es geht bei ihnen weniger um die Frage, ob etwas tatsächlich passiert ist, sondern ob man überhaupt an Wunder glaubt. Hier gibt es sodann die Querverbindung zum Glaubensmotiv – bezogen auf den Glauben, der Gott zutraut, Wunder zu tun.[47]

Peter Müller[48]

... möchte *»die Bibel im Unterricht so zur Sprache bringen, dass sie sich in ihrer Vielfalt und Lebensdienlichkeit erschließt«*. Er stellt aber fest, dass sie für die meisten Menschen ein »Buch mit sieben Siegeln« (Offb 5), also unverständlich ist. Mit dieser Metapher zeigt er das Ziel seines Ansatzes: Er will den Lesern Zugänge zur Bibel zeigen und ihnen Schlüssel an die Hand geben, mit denen sie diese für sich öffnen und verstehen können. Die Leser können so mit ihr in ein Gespräch eintreten und sich mit ihrem Anspruch auseinandersetzen. Die Bibel gilt dabei als »fremde Welt«, die »besiedelt« werden kann. Innerhalb der modernen Welt sollten das Verstehen und die Rezeption der Bibel anschlussfähig an moderne Fragestellungen sein. Umgekehrt muss aber auch vom Potential der biblischen Texte auf die Gegenwart geblickt werden. Eine rein problemorientierte Didaktik reicht also nicht aus. Das Gespräch zwischen Leser und Bibel muss von beiden Seiten motiviert sein. *»Eine Bibeldidaktik, die sich der Bibel und der Didaktik gleichermaßen verpflichtet weiß, muss Anschlussfähigkeit in verschiedene Richtungen thematisieren und sowohl von der Bibel als auch von den Fragen und Problemstellungen der Rezipienten her formulierbar sein.«*[49] Von daher kann es laut Müller nicht um eine Didaktik der Bibel gehen, die nach einem vorgezeichneten Lernweg (Baldermann), nach Grundbescheiden (Berg) oder Grundmotiven (Theißen) sucht und das Lernen daran orientieren will. Da die Bibel ein »versiegeltes Buch« sei, gelinge dies dem modernen Leser nicht von selbst. Deshalb muss eine Bibeldidaktik nach didaktischen Möglichkeiten und Lernarrangements für diejenigen fragen, die (noch) keinen Zugang zur Bibel haben. »Aus einer *Didaktik der Bibel* muss eine *Bibeldidaktik* werden.«[50]

---

46 Theißen, 139.
47 Theißen, 143.
48 Peter Müller, Schlüssel zur Bibel. Eine Einführung in die Bibeldidaktik, Stuttgart 2009, 9.
49 Müller, 87.
50 Müller, 88.

Schlüssel zur Bibel seien konkret verschiedene Ansatzpunkte, mit denen der Lehrende die Bibel für die Lernenden öffnet. Seine These lautet: *»Schülerinnen und Schüler brauchen solche Schlüssel, um sich Zugänge zu diesem Buch überhaupt oder auch wieder zu verschaffen.«*[51] Dafür sind **Schlüsseltexte** notwendig:

- »Schlüsseltexte müssen für die Lernenden begreifbar und nachvollziehbar sein;
- sie müssen in der Lage sein, Interesse zu wecken,
- sie müssen anschlussfähig sein an den Denkhorizont, das Wirklichkeitsverständnis und die Fragen von Kindern und Jugendlichen.
- Schlüsseltexte müssen in der Lage sein, die biblische Tradition zu erschließen.
- Von ihnen ausgehend müssen sich Fragen ergeben, Querverbindungen und Verknüpfungen ziehen lassen, Wege öffnen – und zwar nicht festgelegt und reglementiert, sondern im Blick auf die Fülle der Bibel in verschiedene Richtungen.«[52]

Dabei ist nicht festgelegt, wie ein Schlüsseltext konkret aussehen muss. Ein Schlüsseltext kann sein:

- ein Textabschnitt (z. B. Mt 4: die Versuchung Jesu)
- ein Vers (z. B. Tauf-, Konfirmationsspruch)
- ein Begriff (z. B. Gott, Gerechtigkeit usw.)
- ein Bild (z. B. Baum, Hirte)
- eine Szene (z. B. 2. Sam 12: David und Nathan).

Die differenzierten Lernwege sollen Desinteresse überwinden und Motivation wecken, die Texte aufzuschließen und Fragen anzuregen. Was als Schlüsselwort, Schlüsseltext oder Schlüsselbild geeignet ist, muss deshalb von den Schülerinnen und Schülern her zu begründen sein.

Die Perspektive der Lernenden bestimmt also den Ausgangspunkt des Bibelgesprächs. Hier ist es den Lehrenden aufgetragen, in der Lebenswelt der Lernenden nach Anknüpfungspunkten zu suchen. Da die Gesellschaft in vielen Lebensäußerungen (Werbung, Musik, etc.) von biblischen Motiven durchzogen ist, sind dies Anknüpfungspunkte. Fragen nach Gott und der Welt führen in die Bibel, bilden den Rahmen der Bibeldidaktik. Damit aber das Gespräch mit der Bibel nicht in eine Sackgasse führt, weil der Schlüsseltext eventuell keinen Zugang zur Bibel erschließt, sondern lediglich eine biblische »Abstellkammer« öffnet, muss eine den Schülerfragen korrespondierende Suchbewegung ausgeführt werden. Es ist deshalb von der Bibel her *»nach Texten, Begriffen, Bildern und Szenen zu suchen, von denen aus Wege innerhalb der biblischen Tradition möglich sind.«*[53] Müller führt diese Bewe-

51 Müller, 89.
52 Müller, 89.
53 Müller, 97.

gung aus, indem er »viele Verstehenswege durch die Bibel« aufzeigt und diese als »Themenkreise« bestimmt. Im Grunde unternimmt er hiermit den Versuch, die biblischen Texte auf ähnliche Weise zu systematisieren wie Berg und Theißen. Als Themenkreise zählt er auf:

- Gott und die Welt
- Gott und Mensch
- Glauben, Hoffen, Handeln
- Jesus Christus.

Diese Themenkreise sind untereinander vielfältig verknüpft. An ihnen lassen sich die Grundfragen der Lernenden anschließen. So entsteht der Impuls, der das Gespräch mit der Bibel befördert.

Die Schlüssel zur Bibel entstehen also durch dieses Zusammenspiel und können nur konkret im Blick auf das jeweilige Thema formuliert werden. Hier liegt der entscheidende Unterschied zu Grundbescheiden bzw. Motiven vor, die jeweils allein von der Bibel her bestimmt werden und insofern relativ festgelegt sind.

Franz Niehl[54]

... entwirft eine »dialogische« Bibeldidaktik. Der katholische Religionspädagoge möchte einen Dialog zwischen der Bibel, ihrer Wirkungsgeschichte und den Schülern in Gang setzen. Nach Niehl ist das Lesen eine Begegnung (mindestens) zweier Welten. Während des Lesens konstruiert der Leser die Welt des Textes. Da er der vom Leser konstruierten Welt Grenzen setzt, kommt ein Dialog zwischen Leser und Text in Gang. Wie unterschiedlich dieser Dialog ausfällt, zeigt ein Blick in die Wirkungsgeschichte.

Der rezeptionsästhetische Ansatz Niehls würdigt die Gattungen der biblischen Texte und erklärt deren spezifische Eigenart. Als Grundlage seien daher verschiedene Kenntnisse zu vermitteln. Zunächst muss die biblische Literatur in ihrer Eigenart, ihrer Entstehung und Sprachwelt verstanden werden. Die Texte haben eine lange Entstehungsgeschichte, ihr Reden von Gott entstammt einer anderen Welt, die wir rekonstruieren müssen. Diese Texte begegnen unserer Welt mit unseren Vorstellungen, Werten und Empfindungen. In dieser Begegnung entsteht die Bedeutung, die der Text für uns hat.

Ein zweiter Schritt liegt in einer Diagnose der Gegenwart und der Adressaten. Die Gegenwart sei durch eine Fülle von Möglichkeiten gekennzeichnet – zwischen der Freiheit der Wahl und der Gefahr, durch diese Freiheit überfordert zu sein. Die Postmoderne brauche aber ein neues Paradigma: Nicht das Prinzip »höher, schneller, weiter«, sondern das zufriedene Ankommen in der Gegenwart. Diese aus der Bibel gewonnene Einsicht anderen einsichtig zu machen, ist das Ziel seiner Bibeldidaktik.

---

54 Franz W. Niehl, Bibel verstehen. Zugänge und Auslegungswege. Impulse für die Praxis der Bibelarbeit, München 2006.

Niehl unterscheidet mehrere *Zugänge zur Bibel:*

- *Textorientierte Zugänge:* man muss die Bibel als Text wahrnehmen. Daher ist der historische Kontext, in dem die Texte entstanden sind, zu untersuchen – formale Vielfalt, innerbiblische Motivverwandtschaften, die sog. Einleitungsfragen und die Genese der Texte. Dieser Bereich ist der historischen Frage nach der Bibel zuzuordnen.
- *Zugang über die Wirkungsgeschichte:* Er unterscheidet eine religiöse Wirkungsgeschichte (jüdische und die christliche Deutung) und eine eher profane, die sich in Literatur, Kunst, Musik, Philosophie und Gesellschaft niederschlägt.
- *Zugang durch den Leser selbst:* Man kann auch von der eigenen Welt her auf den Text zugehen. Sämtliche Interessen, die den Leser zur Lektüre motivieren, und jedes Vorwissen, das ein Leser zur Lektüre mitbringt, sind hier im Blick – politische Themen genauso wie psychologische, philosophische oder theologische.

An den Zugängen orientiert sind *drei Orientierungen.* Man untersucht entweder

- den Text und seine Welt
- oder seine Wirkungsgeschichte in der Vergangenheit
- oder man geht vom Adressaten und dessen Fragen aus.

Im Laufe der Begegnung mit der Bibel sind alle drei Felder wichtig.

Als **Ziel seiner Bibeldidaktik** formuliert Niehl: *»Bibelunterricht soll dazu beitragen, dass Kinder und Jugendliche fähig werden, sich selbst anzunehmen und zu entwickeln und sich mit anderen über das zu verständigen, was sie selbst und was alle angeht.«*[55] Nur so komme es zum Zusammenspiel von Texten und Lernenden. Durch die biblische Vielfalt sollte es dem Schüler gelingen, sein Verständnis von der Welt zu weiten, seine Lebensgeschichte zu bearbeiten, seine Suche nach einem richtigen Leben zu gestalten und in unsere Kultur hineinzuwachsen. Niehl will dies erreichen, indem er *vier Lernziele* verfolgt, die folgende Bereiche in den Blick nehmen:

- Die Bibel an sich, also ihre Vielfalt und ihre Welt(en)
- Die Bibel als Dialogpartner der Schüler
- Die Bibel in kulturellen und gesellschaftlichen Verständigungsprozessen
- Die Bibel als Quellenschrift des christlichen Glaubens.

Diese vier Ziele ergänzen sich, sodass Niehl zusammenfassen kann: *»Der dialogische Bibelunterricht arrangiert ein vielstimmiges Gespräch zwischen dem Orientierungsverlangen heutiger Schülerinnen und Schüler, dem biblischen Text und seiner Wirkungsgeschichte.«*[56]

55 Niehl, 148.
56 Niehl, 155.

Lehrende übernehmen die Rolle eines Vermittlers bzw. eines Moderators, dessen Aufgabe es ist, das Gespräch in der Begegnung von Schüler und Text in Gang zu setzen. Dadurch werden die Lernenden herausgefordert, den »Schatz« an lebensorientierender Kraft, den die Bibel bereitstellt, zu heben. *»Im geduldigen Sprechen und Hören, im umkreisenden Verstehen kann dann geprüft werden, wofür sich zu leben lohnt.«*[57]

Ertrag für eine »Praxisorientierte Bibeldidaktik«[58]

Die religionspädagogischen und bibeldidaktischen Entwürfe antworten jeweils auf die Frage nach dem »Warum« des Bibelunterrichtens. Dabei sind einige Konstanten zu beobachten, die für eine praxisorientierte Bibeldidaktik grundlegend sind.

1. Die Lebenswelt der Menschen und das Angebot der Bibel sind aufeinander zu beziehen

Alle didaktischen Konzepte seit 1970 haben erkannt, dass die Lebenswelt der Lernenden und die Bibel miteinander in Verbindung (Paul Tillich spricht hier von Korrelation) gebracht werden. So muss immer auch nach Spuren der Bibel in der Lebenswelt gesucht werden – ob in Grundsymbolen (symboldidaktischer Ansatz) oder gar in der Popkultur. Lehrende sollten daher die Lebenswelt der Lernenden kennen. Dies kann abstrakt geschehen durch die Analyse von Jugend-Studien oder durch genaues Hinsehen, was jugendkulturelle Milieus bieten. Jeder Lernende und jede Lerngruppe ist jedoch anders. Um einen wirklichen Einblick in die Lebenswelt seiner Lerngruppe zu bekommen, muss man mit den Kindern und Jugendlichen in einen Prozess eintreten. Dabei gilt: Sie selbst sind Fachleute für ihre Lebenswelt. Im Blick auf die Bibel gibt es methodisch eine Vielfalt von »Zugängen zur Bibel«, die offenlegen, wie die Bibel in der Lebenswelt vorkommt (siehe hierzu »Bibel kreativ erkunden«, Kapitel: »Zugänge zur Bibel«).[59]

---

57 Niehl, 157.

58 Die Idee einer praxisorientierten Bibeldidaktik entstand im Rahmen des Arbeitskreises »Bibel im kompetenzorientierten Unterricht« (Peter Müller, Hartmut Rupp, Isa Breitmeier und Michael Landgraf). Einige der Thesen finden sich bereits im Aufsatz: Michael Landgraf, Biblische Inhalte im Religionsunterricht. Überlegungen zu einem neuen Bibelcurriculum, in: Karin Finsterbusch (Hg.), »Bibel nach Plan«, Göttingen 2006, 155–173.

59 Als Arbeitsblätter aufbereitet: »ReliBausteine Bibel«, 22–30.

2. Bibeldidaktik muss zielgruppenorientiert sein

Der Weg, selbst die Zugänge zur Bibel zu klären, setzt eine zielgruppenorientierte Bibeldidaktik voraus:

- Baldermann redet verhältnismäßig oft von **Kindern**, die früh mithilfe der Sprache der Bibel sprachfähig gemacht werden sollen.
- Berg hat in seiner Umfrage und im Entwurf primär **Jugendliche** im Blick, wenn er vom Umgang mit Problemen und der »befreienden Kraft« der Bibel spricht.
- Theißen wendet sich primär **gebildeten Erwachsenen** zu, ob kirchlich-religiös oder nicht. Sie sollen sich mit der Bibel auseinandersetzen, weil es zum Verstehen der Kultur und zu einem Wissen um tiefere Zusammenhänge der Welt unerlässlich dazugehöre.

Im Prinzip funktioniert jede Bibeldidaktik je nach Zielpersonen anders. Im Blick auf die eigene Praxis muss also der Zugang, die methodischen Wege und die intendierten Ziele und Kompetenzen an der Zielgruppe ausgerichtet sein: als Kleinkind-Bibeldidaktik, als eine mit Grundschulkindern, mit pubertierenden Jugendlichen oder Oberstufenschülern.

3. Der existentiale Sinn der Bibel muss erfahrbar gemacht werden

Bibeldidaktiken helfen, die mehr als 1100 Seiten der Bibel auf den Punkt zu bringen und zu verstehen – ob durch die »elementaren Strukturen« (Baldermann), die »Grundbescheide« (Berg) oder die »Grundaxiome und Motive« (Theißen). Alle betonen zwar eine gewisse Offenheit der Systeme, jedoch muss kritisch hinterfragt werden, ob hier nicht die Systematik einer existentialen Begegnung mit den Bibeltexten entgegensteht.

Wenn Lernende fragen: »Was bringt mir eigentlich die Beschäftigung mit der Bibel?«, dann hat dies seinen Grund. Lehrende fragen sich dies manchmal vielleicht selbst. Daher sollte man für sich klären, welche Bibeltexte einem »etwas bringen« und was sie bieten. Nur so kann die Bibel mit existentialen Erfahrungen verbunden sein.

Zunächst kann dabei die Frage geklärt werden, auf die die Bibeltexte in ihrer Entstehung Antworten gaben, das heißt: *Was haben die Bibeltexte den Menschen damals in ihrer Lebenssituation »gebracht«.* Die Herangehensweise an elementare Bibelexte im folgenden Kapitel (ab S. 58) legt daher die Ausgangsfragen offen, auf die die Bibel Antworten gibt.[60]

Mit Ingo Baldermann lässt sich darüber hinaus fragen, ob die Bibel nicht prinzipiell stärker als Subjekt statt als Objekt im Lernprozess wahrgenommen werden muss. Die Bibel ist mehr als menschliche Systematik beschreiben

---

60 Siehe hierzu auch: »Die Bibel elementar«. Darin werden diese Fragen in einer Bibelausgabe für Kinder und Jugendliche aufarbeitet.

kann. Sie trägt in sich eine innere Kraft, die in der Lage ist, Menschen zu erreichen.

Die Bibel bietet eine Sammlung von Texten, die auf ganz unterschiedliche Weise menschliche Erfahrungen mit Gott thematisieren und Antworten geben. Dadurch kann sie zur existentialen Hilfe werden, indem sie Sprache zur Verfügung stellt, die eine neue Deutung der Welt gelingen lässt, gerade in Grenzsituationen des Lebens. Der reiche Schatz der Bibel, in der das Auf und Ab des Lebens, Sinn- und Glaubensfragen, Provokation und Dilemmata, Regeln und Handlungsperspektiven, Hoffnung auf Befreiung und Erlösung entfaltet werden, ist ein unergründlicher Brunnen der Gotteserfahrungen, den niemand ganz ausloten kann, der aber immer wieder neues Lebenswasser bereit hält. Eine praxisorientierte Bibeldidaktik bildet somit eine Brücke zwischen dem Schatz der Bibel und den Lernenden mit ihren Lebensfragen.

4. Eine Sicherheit im Umgang mit elementaren Bibeltexten muss gegeben sein

Damit die Bibel existentiale Bedeutung gewinnt, muss man eine gewisse Kenntnis und Sicherheit im Umgang mit ihr haben.

Früher gaben Bibelausgaben vor, welche Geschichten zu lernen waren (S. 29ff). Heute fehlt ein Konsens darüber, welche Bibeltexte zu einem Grundkanon gehören. Das Kapitel »Elementare Bibeltexte« (S. 58ff) basiert auf einer Analyse von aktuellen (Lehr-)Plänen, die allerdings immer weniger Aussagen über verbindliche Texte machen.[61] Auch wenn Kompetenzorientierung leitend ist, darf die Frage nach den Inhalten nicht aus dem Blick verloren werden. Ein Bibelwissen führt zur Sicherheit im Umgang mit neuen Texten.

Doch muss sich ein Bibelcurriculum an der Entwicklung der Lernenden orientieren und festlegen, welche Inhalte in bestimmten Alters- und Lebenssituationen geeignet sind. Hinzu kommt die Frage: *Mit welchen Bibeltexten können Lernende in ihrer Lernsituation umgehen?*

Dass es hierzu auch unterschiedliche Einschätzungen gibt, zeigt die Diskussion um die Gleichnisse (siehe S. 24) oder um Einzeltexte wie 1. Mose 22. Die Schwierigkeit, abstrakte Bibelcurricula festzulegen, ist in der Erfahrung begründet, dass Lerngruppen gleichen Alters sehr unterschiedlich mit Texten umgehen. Aktuelle Pläne geben allerdings auch Spielräume für ein offenes und situationsbezogenes Arbeiten.

Bibeltexte an sich sind nicht von vornherein auf ein bestimmtes Alter festgelegt. So kann die Josefsgeschichte, die in der Sekundarstufe keine Rolle spielt, auch später als Weggeschichte hilfreich sein, denn das Auf und Ab im Leben Josefs ist für Jugendliche gut nachvollziehbar. Prophetenge-

---

61 Eine Ausnahme bildet der kompetenzorientierte Teilrahmenplan Evangelische Religion Rheinland-Pfalz mit einer Übersicht über Texte, die innerhalb der Grundschulzeit zu behandeln sind: www.grundschule.bildung-rp.de, Stichwort: Rahmenplan – Teilrahmenplan Evangelische Religion.

schichten können ihren Ort in der Grundschule haben, denn in der Klassenstufe 3/4 spielt die Frage nach der Gerechtigkeit eine Rolle. Schließlich kann man fragen, ob der Verlorene Sohn / Barmherzige Vater (Lk 15,11ff) überhaupt von Grundschülern so verstanden werden kann wie von Schülern am Ende der Sekundarstufe, da diese den Aufbruch aus dem Elternhaus am besten nachvollziehen können. Hier gilt es, von der Eigendynamik der biblischen Geschichten und der Lebens- und Lernsituation her zu entscheiden, wie und was unterrichtet wird.

Schließlich ist im Sinne der Kompetenzorientierung wichtig, was Lernende am Ende eines längeren Lernprozesses können sollen. Es bietet sich an, die Klassenstufe 4, Klassenstufe 10 und Klassenstufe 12/13 als Endpunkte zu sehen, an denen Fertigkeiten im Umgang mit Texten und Bibelwissen über exemplarische Texte überprüft werden können (siehe hierzu die Überlegungen auf S. 111f).

5. Lehrende und Lernende sollen selbst Bibeldidaktiker werden

Hier überzeugt das Bild von Peter Müller, der es als Aufgabe sieht, dass Lernende »Schlüssel der Bibel« selbst in der Hand haben müssen. Wenn aber jeder selbst in die Lage versetzt werden soll, mit der Bibel angemessen umzugehen, um für sich selbst daraus einen Gewinn zu ziehen, heißt dies: Jeder Lernende muss Bibeldidaktiker werden. Hier stellt sich die Frage nach den Kompetenzen, die Lehrende und Lernende dafür entwickeln müssen.

Zu den Vorkenntnissen käme dazu eine methodische Sicherheit im Umgang mit der Bibel – von einfachen Methoden der Textauslegung (siehe S. 114) bis zu den kreativen Lernwegen (S. 116), die je auf ihre Weise den Text oder die biblische Geschichte zum Sprechen bringen. Eine zu entwickelnde Kompetenz ist auch das **Elementarisieren**, also einen Text für sich selbst auf den Punkt zu bringen, als Voraussetzung für die Erschließung und Beurteilung.

Für die Praxis bietet es sich an, wie Müller betont, die Bibel in der Vielfalt ihrer Gattungen zu bearbeiten. Dies kann über Einzelworte geschehen, z. B. über eine Bibelwortkartei,[62] oder über die Ganzschrift eines Erzählkomplexes oder biblischen Buches. Gemeinsam mit anderen können diese entschlüsselt werden, wie man dies im Deutschunterricht mit einer Ganzschrift auch tut. Eine solche begleitete Bibellektüre, die als positiv erlebt wurde, kann helfen, die Fremdheit der biblischen Texte zu überwinden und sich eigenständig auf den Weg durch die Bibel zu machen.

---

62 Siehe hierzu »ReliBausteine Bibel«, 106–111 und »Bibel kreativ erkunden« 81f.

Was? – Inhalte, Kompetenzen und elementare Bibeltexte

Was muss alles bedacht werden, wenn man »Bibel« unterrichtet? Bei dieser Frage geht es zunächst um die Bibel als Buch: *Was muss ich wissen, um sachgemäß mit der Bibel als Buch arbeiten zu können?* Dann gilt es zu klären: *Was steckt hinter einem Text, d. h. auf welche Grundfragen gibt er Antworten?* Schließlich wird zu fragen sein: *Wie kann man mit einem konkreten biblischen Text umgehen?*

Das heißt, es besteht die Aufgabe,

- *mit der Bibel als Buch umgehen zu lernen*
- *mit den Texten der Bibel umgehen zu lernen*
- *einen konkreten biblischen Text interpretieren zu lernen.*

Mit der Bibel als Buch umgehen lernen

Eine Bibel in der Hand – das ist eine Herausforderung. Um mit der Bibel umgehen zu können, muss man zuerst ein Gefühl dafür entwickeln, womit man es zu tun hat. Dazu braucht man einige Informationen.

Kompaktes Wissen über das Buch »Bibel«[63]

Das Wort **Bibel** stammt aus dem Lateinischen bzw. Griechischen. »Biblia« bedeutet Bücher, eine Sammlung von Einzelschriften. In evangelischen Ausgaben besteht die Bibel aus 39 Schriften des Alten Testaments, 27 des Neuen Testaments und 11 Spätschriften des Alten Testaments (Apokryphen bzw. Deuterokanonische Schriften). In katholischen Bibelausgaben gehören die Spätschriften zum Kanon des Alten Testaments, der also 46 Schriften umfasst. Diese Sammlung wird gerne als Bibliothek verstanden.

Die Bibel wird in Buchgruppen unterteilt: Die Bücher des **Alten und Neuen Testaments** werden in deutschsprachigen Bibeln nach einem dreiteiligen Schema geordnet, nämlich in **Geschichts-, Lehr- und Prophetenbücher.** Die **Kapitelzählung** geht auf den englischen Erzbischof Stephen Langton aus dem 13. Jahrhundert zurück. Die **Verszählung** hat der französische Buchdru-

63 Arbeitsblätter über das Basiswissen zur Bibel für die Schülerhand in »ReliBausteine Bibel«.

cker Robert Etiènne erst im Jahre 1551 bei einer griechisch-lateinischen Ausgabe des Neuen Testaments eingeführt. Das bedeutet: Erst nach Martin Luther hat sich die Verszählung durchgesetzt.

Der Text des Alten Testaments wurde ursprünglich in hebräischer (zum Teil in aramäischer) Sprache niedergeschrieben. Die **Sprache des Neuen Testaments** ist Altgriechisch (Koine). **Die ältesten Zeugnisse** des vollständigen Bibeltextes sind Handschriften wie der Codex Sinaiticus, der in der Klosterbibliothek am Sinai gefunden wurde. Die ältesten Funde von alttestamentlichen Handschriften wurden 1947 in den Höhlen von Qumran am Toten Meer gemacht. Es gibt mehrere tausend Handschriftenfunde.

Die Bezeichnung **Altes Testament** für die Hebräische Bibel ist vom Neuen Testament her entstanden. Das frühe Christentum bezeichnete so das Verhältnis zwischen den beiden Teilen der Bibel als Verheißung und Erfüllung. Testament meint hier Gottes Bund – so die ursprüngliche Bedeutung von »Testament«. Durch Jesus Christus soll dieser Bund nach christlichem Verständnis auf alle Menschen ausgeweitet worden sein. Im interreligiösen Dialog jedoch spricht man hier auch vom »Ersten« und »Zweiten Testament.« Juden nennen die biblischen Bücher »TeNaCh« (bzw. »Tanak«): Tora (fünf Bücher Mose) – Nebiim (Propheten) – Ketubim (Schriften).

Über die **Entstehung des Alten Testamentes** kann man nur annähernd etwas sagen. Vor der Niederschrift waren Geschichten kurze Zeit mündlich weitergegeben worden. Frühestens ab dem 9. Jahrhundert v. Chr. dürften Texte schriftlich niedergeschrieben worden sein, als es am königlichen Hof Israels Schreiber gab. Es ist jedoch schwer, die genaue Entstehungszeit der alttestamentlichen Bücher anzugeben. Selbst innerhalb der einzelnen Schriften lassen sich Abschnitte unterschiedlichen Alters finden. Psalmen beispielsweise sind in verschiedenen Jahrhunderten entstanden, bevor sie zu Sammlungen und schließlich zum Psalter zusammengefügt wurden. Ab dem 5. Jahrhundert v. Chr. haben jüdische Gelehrte die Schriften zu größeren Einheiten zusammengefügt, beginnend mit der Tora, den fünf Büchern Mose. Die jüngsten Bücher wurden erst im 2. Jahrhundert v. Chr. niedergeschrieben. So sind von den Anfängen mündlicher Überlieferung bis zu den letzten schriftlichen Aufzeichnungen des Alten Testaments mehrere Jahrhunderte vergangen.

Die **Geltung einzelner Bücher** war im Judentum lange umstritten. Vermutlich stand der genaue Umfang der hebräischen Heiligen Schriften erst gegen Ende des 1. Jahrhunderts n. Chr. fest. Dieser Text bildet die Grundlage für unser heutiges Altes Testament und wird **Masoretischer Text** genannt, weil er auf Überlieferungstätigkeit jüdischer Gelehrter (Masoreten) beruht. Auch im Christentum war es ein langer Prozess, bis der neutestamentliche **Kanon** am Ende des vierten Jahrhunderts feststand. Am Ende blieben von den vielen Evangelien nur die vier übrig, die sich in den Gemeinden durchgesetzt hatten. Ebenso gab es mehr Offenbarungen und unechte Apostelbriefe. Noch Martin Luther sagte über den Jakobusbrief, er sei eine »stroherne Epistel«, weil er nicht zur Theologie des

Paulus passe. Seit dieser Zeit wurden auch Lutherbibeln ohne Apokryphen gedruckt.[64]

Zur Gliederung der biblischen Schriften

Zu den **Geschichtsbüchern** zählen alle Schriften, die die Entstehung und die geschichtliche Entwicklung des alten Israel darstellen. Die **fünf Bücher Mose**, benannt nach Mose als Befreier und Gesetzgeber des Volkes, beginnen mit Erzählungen von der Erschaffung der Welt und des Menschen. Sie stellen die lange Vorgeschichte Israels dar und erzählen ausführlich vom Auszug aus Ägypten. Im Mittelpunkt dieser Schriften stehen der Bund zwischen Gott und seinem Volk und die Kundgabe der Wegweiser Gottes (z. B. Zehn Gebote).

Die **Bücher Josua und Richter** geben einen Einblick in die vorstaatliche Zeit Israels, die durch Josua, den Nachfolger von Mose, und von Rettergestalten (so genannten Richtern), bestimmt ist. In den **Samuel- und Königsbüchern** sowie in den **Chronikbüchern** wird die Entstehung des israelitischen Königtums ausführlich beschrieben, weiter der Aufstieg Israels unter David und Salomo zu einem selbstständigen Staatswesen. Dieses zerfiel allerdings nach Salomos Tod in die beiden Teilreiche Israel im Norden (Nordreich) und Juda im Süden (Südreich). Das vorläufige Ende ihrer Existenz brachten der Sieg der Assyrer über Israel (722 v. Chr.) und die Niederwerfung Judas durch die Babylonier (587/586 v. Chr.). Die biblischen Geschichtsschreiber verstehen diese politisch-militärische Katastrophe als eine Folge des Ungehorsams des Volkes gegen die Gebote Gottes. Die **Bücher Esra und Nehemia** handeln vom Wiederaufbau des zerstörten Jerusalem und der Neugründung eines jüdischen Gemeinwesens mit Billigung der persischen Zentralregierung, der das jüdische Volk zu dieser Zeit unterworfen war. Die **Lehr- oder poetischen Bücher** behandeln verschiedene Themen. Im Buch **Hiob** geht es um das Problem des Leidens: Wie kann der gute Gott das Leiden unschuldiger Menschen zulassen? Hiob wird durch eine Reihe von Schicksalsschlägen schwer geprüft. Im Gespräch mit seinen Freunden ringt er um die Lösung seiner Fragen. Die Antwort gibt ihm Gott selbst: Die Wunder der Schöpfung sollen Hiob zeigen, dass Gott in Weisheit regiert, auch wenn der Mensch sein Handeln nicht immer begreifen kann. Der **Psalter** – wie das Buch der Psalmen auch genannt wird – umfasst Lieder und Gebete, die zum größten Teil im Gottesdienst Israels gesungen oder gesprochen wurden.

Das Buch **Kohelet (Prediger)** enthält die Lehren eines Menschen, der darüber nachdenkt, worin der Sinn des Menschenlebens liegt. Der Verfasser bezweifelt, dass Menschen diesen überhaupt erfassen können. Für ihn kennt nur Gott den Sinn aller Dinge.

---

64 Vgl. dazu ausführlich Paul Metzger / Markus Risch, Bibel auslegen. Kapitel 3: Text und Kanon der Bibel.

Zwei Bücher in der Gruppe der Lehrbücher sind eigentlich eine Sammlung von Liedern: die Psalmen und das Hohelied. Im **Hohelied** sind Liebes- und Hochzeitslieder gesammelt.

Die **Prophetenbücher** unterteilt man dem Umfang nach in »große« und »kleine« Propheten. Große Propheten sind Jesaja, Jeremia und Hesekiel (Ezechiel), aber auch die Klagelieder Jeremias und das Buch Daniel. Als kleine Propheten werden die zwölf Bücher von Hosea bis Maleachi bezeichnet. Propheten sind Kritiker und Mahner, die ihre Botschaft aufgrund göttlicher Eingebung aufgetragen bekommen. Erhalten geblieben sind ihre Worte, weil sie zumeist von ihren Schülern aufgeschrieben wurden. Die Propheten decken besonders Versäumnisse des Volkes und seiner Oberschicht auf und drohen dafür Vergeltung an. Durch Propheten konnte Israel auch in seinen politischen Katastrophen das Handeln Gottes erkennen. In ihren Gerichtsansagen findet sich bei den Propheten auch die Ankündigung künftigen Heils, die Verheißung eines neuen Bundes und sogar eines neuen Königs aus dem Hause Davids, der für Frieden und die erneute Hinwendung des Volkes zu Gott sorgen soll.

Die **Spätschriften des Alten Testaments** oder »**Apokryphen**« (verborgene Schriften) sind eine besondere Gruppe alttestamentlicher Texte, die nur in griechischer Sprache überliefert sind. Sie stammen überwiegend aus dem zweiten Jahrhundert vor Christus. **Martin Luther** ordnete sie zwischen Altem und Neuem Testament ein und bewertete sie als Bücher, die der Heiligen Schrift nicht gleichwertig, aber doch nützlich zu lesen sind. In der katholischen Kirche werden diese Schriften »**deuterokanonisch**« genannt, d. h. an zweiter Stelle im Schriftkanon stehend. Sie gelten als vollwertiger Bestandteil der Heiligen Schrift und sind dementsprechend in katholischen Bibelausgaben je nach ihrem Charakter über die Schriftgruppen verteilt.

Die frühesten **Schriften des Neuen Testaments** sind die Briefe des **Apostels Paulus.** Die Worte Jesu und die Erzählungen über sein Wirken wurden zunächst mündlich weitergegeben. Erst als der zeitliche Abstand zu den Ereignissen wuchs, entstand das Bedürfnis nach schriftlicher Aufzeichnung. Auf diesem Weg sind die Evangelien entstanden. Das griechische Wort **Evangelium** heißt wörtlich übersetzt: »Gute Botschaft«. Die ersten Christen gebrauchten dieses Wort zunächst, um Gottes Heilshandeln in Jesus Christus auszudrücken. Es war wahrscheinlich ein anonymer Christ, der in der kirchlichen Tradition Markus genannt wird, der in Anlehnung an diesen Sprachgebrauch als erster seinen Bericht von Jesu Leben als Evangelium bezeichnete. In Anlehnung daran hat man in der Alten Kirche dann auch die entsprechenden Darstellungen anderer so genannt. Jedes der Evangelien stellt das Leben und Wirken Jesu aus einem anderen Blickwinkel dar: Für **Markus** steht die Frage im Mittelpunkt, wer dieser Jesus eigentlich ist. Er macht deutlich: Durch Jesus von Nazaret spricht und handelt Gott selbst. **Matthäus** weist immer wieder darauf hin, dass sich in Jesus die Verheißungen der Propheten des Alten Testaments erfüllt haben. Für ihn ist Jesus ein besonderer Lehrer. **Lukas** orientiert sich am Vorbild der Geschichtsschreibung seiner Zeit und versucht, die Ereignisse möglichst lückenlos und geordnet zu berichten. Er zeichnet Jesus als liebevollen Heiler und Hirten, der kam, Kranke und

Verlorene zu suchen. Für **Johannes** ist Jesus das Mensch gewordene Wort Gottes, das die Sehnsucht der gesamten Menschheit stillt. Gemeinsam ist allen vier Evangelien, dass sie bei ihren Leserinnen und Lesern den Glauben an Jesus Christus stärken wollen. So gesehen handelt es sich bei allen Unterschieden im Einzelnen immer um die eine Gute Nachricht, die in vierfacher Weise erzählt wird.

Fragt man nach der **Entstehung der vier Evangelien**, dann zeigt sich, dass die ersten drei an vielen Stellen im Wortlaut und in der Reihenfolge des Dargestellten übereinstimmen, während das Johannes-Evangelium eigene Wege geht. Wegen ihrer großen Übereinstimmung kann man die drei ersten Evangelien nebeneinander betrachten. Sie werden deshalb auch die **synoptischen Evangelien** genannt (Synopse = Zusammenschau). Zur Erklärung dieser Gemeinsamkeiten und Unterschiede geht man heute davon aus, dass Markus mit seinem Evangelium die Grundlage für die Darstellung des Matthäus und Lukas bildet. Die Teile, die Matthäus und Lukas über Markus hinaus gemeinsam haben, besonders die Redeabschnitte wie die Bergpredigt und die Feldrede (Mt 5–7 und Lk 6) werden auf eine nicht erhaltene Quelle zurückgeführt. Man nimmt an, dass diese vor allem Worte Jesu enthalten hat und nennt sie **Logien- oder Spruchquelle**. Darüber hinaus enthalten alle drei Evangelien Überlieferungen von Lehre und Taten Jesu, die nur sie erzählen. Diese bezeichnet man als **Sondergut**.[65]

Zu den Geschichtsbüchern des Neuen Testaments gehört außer den vier Evangelien auch die **Apostelgeschichte.** Sie wurde als Fortsetzung des Lukas-Evangeliums geschrieben und erzählt von den ersten christlichen Gemeinden, also den Anfängen der Kirche, und von der Verbreitung der Guten Nachricht von Jerusalem aus in die ganze damals bekannte Welt. Während im ersten Teil der Apostelgeschichte der Kreis der Apostel um **Petrus** im Zentrum steht, ist die wichtigste Person des zweiten Teils der Apostel **Paulus**, dessen Bekehrung und Missionsreisen ab Kapitel 9 beschrieben werden.

Die **Lehrbücher des Neuen Testaments** sind **Briefe** an Gemeinden oder Einzelpersonen. Sie werden in zwei Gruppen eingeteilt: Paulusbriefe, inklusive der so genannten Pseudepigraphen (d. h. Schriften, die unter dem Namen des Paulus von seinen Schülern verfasst wurden), und Katholische Briefe. In den **Briefen des Paulus und seiner Schüler** wird Gemeinden der Glaube an Jesus Christus dargelegt. Die Briefe beantworten Fragen zu Situationen, die die Christinnen und Christen im Leben zu bewältigen hatten. Zugleich mussten sich die Verfasser mit anderen Strömungen der urchristlichen Mission auseinandersetzen. Paulus sollte sich für seine Missionierung von Heiden (= Nicht-Juden) rechtfertigen und betont deshalb: *»Ich schäme mich des Evangeliums nicht; denn es ist eine Kraft Gottes, die selig macht alle, die daran glauben, die Juden zuerst und ebenso die Griechen«* (Röm 1,16).

65 Vgl. dazu ausführlich: Paul Metzger / Markus Risch, Bibel auslegen: 4.3. Das synoptische Problem.

Schließlich bestätigt eine Zusammenkunft der Apostel in Jerusalem Paulus offiziell in seinem Missionsauftrag unter den nichtjüdischen Völkern. In den **Katholischen Briefen** (katholisch = griech: allgemein, für die ganze Kirche bestimmt), die als Verfasser Petrus, Johannes, Jakobus und Judas nennen, geht es um ähnliche Probleme wie in den Paulusbriefen, nämlich um die Erörterung von Glaubensfragen, Abwehr von falschen Lehren und die richtige Gestaltung des christlichen Lebens in der Gemeinde, der Familie und in der Gesellschaft. Das prophetische Buch des Neuen Testaments, die **Offenbarung des Johannes**, beginnt mit sieben Sendschreiben an kleinasiatische Gemeinden, in denen der Verfasser diese ermuntert, ermahnt und tröstet. Denselben Sinn haben auch die Visionen und Bilder der restlichen Kapitel: Trotz aller Unterdrückung durch staatliche Gewalt steht zuletzt der Sieg Gottes fest. Wahrscheinlich ist, dass die Offenbarung des Johannes am Ende des ersten Jahrhunderts für Gemeinden in Kleinasien geschrieben wurde, die Probleme mit dem dort besonders gepflegten Kaiserkult hatten.

Bibelübersetzungen und Kanonbildung[66]

Bereits vor dem Babylonischen Exil war das Bibel-Hebräisch nicht mehr die Alltagssprache in Israel. Daher entstanden Targumen (d. h. Übersetzungen) der hebräischen Bibel ins Aramäische. Auch Jesus und seine Zeitgenossen sprachen Aramäisch. Im 4. Jahrhundert v. Chr. wurden die Texte der Hebräischen Bibel in die damalige Weltsprache Griechisch übersetzt. Eine Legende erzählt, dass diese Übersetzung von 70 (oder 72) Gelehrten angefertigt wurde. Darum heißt diese Übersetzung **Septuaginta** (lateinisch für Siebzig, mit LXX abgekürzt). Für die Griechisch sprechenden Christen war die Septuaginta zunächst die Heilige Schrift. Erst mit der Festlegung des neutestamentlichen Kanons wurde die Unterscheidung zwischen Altem und Neuem Testament eingeführt.

Weil das Christentum von Anfang an die gesamte damalige Welt im Blick hatte, war ihre Heilige Schrift die Septuaginta und nicht die Hebräische Bibel. Diese Ausrichtung führte auch dazu, dass die Evangelien und Briefe nur in griechischer Sprache verbreitet wurden. Bereits im 2. Jahrhundert sind christliche Übersetzungen der Heiligen Schriften in die Volkssprache Latein belegt. Dabei gab es noch eine Vielzahl von Schriften, die im Titel vorgaben, Evangelien, Apostelgeschichten oder Jüngerbriefe zu sein. Doch gaben sie die Botschaft von Jesus Christus oder die Lehre der Apostel aus sehr eigener Sicht wieder. Deshalb sah sich die frühe Kirche gezwungen, bestimmte Schriften als verbindlich zu erklären. Dabei gab es lokale Unterschiede in der Auswahl der einzelnen Schriften. Am Ende des 2. Jahrhunderts n. Chr. stand jedoch das Neue Testament im Wesentlichen in seinem heutigen Umfang fest. Die Auseinandersetzungen der Folgezeit führten um das Jahr 367 zur

---

66 Arbeitsblätter hierfür in »ReliBausteine Bibel«, 113–149.

endgültigen **Festlegung eines Kanons** (d.h. wörtlich Richtschnur) von 27 Schriften, der seitdem in allen großen Kirchen Geltung hat.

Zur Zeit der Kanonbildung sah man es als notwendig an, die Bibel zu übersetzen. Es entstanden Übersetzungen ins Altsyrische, Aramäische, Äthiopische und ins Koptische. Doch die wichtigste Sprache des Römischen Reiches war Latein. Im Jahr 382 beauftragte Papst Damasus I. den Theologen **Hieronymus** mit einer einheitlichen lateinischen Übersetzung der Bibel. Schon 384 legte Hieronymus eine überarbeitete Fassung der Evangelien vor, um das Jahr 420 vollendete er die Übersetzung, die den Namen **Vulgata** trägt (lateinisch: die »allgemein verständliche«, die »Volkstümliche«). Sie wurde zur wichtigsten Bibelübersetzung des Mittelalters und prägte mit ihrem Latein für Jahrhunderte die Wissenschaftssprache an den Universitäten. Das Konzil von Trient erklärte 1546 die Vulgata für den Gebrauch in der katholischen Kirche als maßgeblich. Im Anschluss an das Zweite Vatikanische Konzil (1962–1965) wurde eine **Nova Vulgata** (neue Vulgata) geschaffen, welche die Vulgataübersetzung anhand des hebräischen und griechischen Grundtextes überprüfte und überarbeitete (1979 vollendet).

Bei den germanischen Sprachen wurde die Bibel bereits um 380 durch den Gotenbischof **Ulfilas (Wulfila)** ins Gotische übersetzt. Im achten und neunten Jahrhundert entstanden im fränkischen Reich einige Bibelübertragungen in die Volkssprache. So lautete das Vaterunser einer Handschrift aus St. Gallen: *Fater unsêr, thû pist in himile, uuîhi namun dînan, qhueme rîhhi dîn, uuerde uuillo diin, sô in himile sôsa in erdu. Prooth unsêr emezzihic kip uns hiutu, oblâz uns sculdi unsêro, sô uuir oblâzêm uns sculdîkêm, enti ni unsih firleiti in khorunka, ûzzer lôsi unsih fona ubile – Vater unser, du bist im Himmel, weihe deinen Namen, komme dein Reich, werde dein Wille, wie im Himmel, so auch auf der Erde. Unser regelmäßig Brot gib uns heute, erlasse uns unsere Schuld, wie wir sie erlassen unseren Schuldnern, und verleite uns nicht in Versuchung, auserlöse uns von dem Übel.*

Ottfried von Weißenburg schuf im 9. Jahrhundert eine Evangelienharmonie, um den einfachen Menschen in ihrer Sprache die Bibel zu vermitteln. Er musste sich dafür vor der Gelehrtenwelt rechtfertigen, da man als heilige Sprachen allein Hebräisch, Griechisch und Latein einstufte. Auch wenn Latein seit den Admonitio generalis Karls des Großen (789) dominierende Sprache in der Lehre und der Liturgie blieb, wurden immer wieder deutschsprachige Bibelausgaben angefertigt, deren Übersetzer namenlos blieben (z.B. die Wenzels-Bibel im 14. Jahrhundert). Kurz nach der Erfindung des Buchdrucks (1455) wurde 1466 die erste Bibel in deutscher Sprache in Straßburg gedruckt (Mentelin-Bibel) – als erste gedruckte Bibel in einer Volkssprache überhaupt. Vor Luther entstanden 18 deutsche Bibeln, die aufgrund ihres schwierigen Textes, der sprachlich auf einer rund hundert Jahre alten und eng an das Lateinische angelehnten Vorlage basierte, wenig Erfolg hatten.[67]

67 Siehe hierzu Michael Landgraf / Henning Wendland, Biblia deutsch. Bibel und Bibelillustration in der Frühzeit des Buchdrucks, Speyer 2005.

Martin Luthers 1522 entstandenes Neues Testament hingegen hatte Erfolg. Er übersetzte zum einen dem Sinn nach und schaute dabei den Menschen »aufs Maul«, d. h. er orientierte sich an der gesprochenen Sprache. Zum anderen orientierte er sich an den Ursprachen der Bibel und kam so der ursprünglichen Bedeutung der biblischen Texte auf die Spur.[68] Die 1534 entstandene und bis zu seinem Tod 1546 immer wieder verbesserte Vollbibel gilt als Mittelweg zwischen dem Anspruch der Urtexttreue und der Alltagssprache. Vor Luther erschien bereits 1530 die Vollbibel Huldrych Zwinglis in Zürich. Das Neue Testament von Hieronymus Emser (1527) und die Vollbibel von Johann Dietenberger (1534) zeigen, dass man auch auf katholischer Seite um die deutsche Bibel bemüht war. Der Text der Luther-Bibel wurde bis 1892 nicht revidiert, sondern nur sprachlich leicht verändert. Er setzte sich als Standardtext für die deutschsprachigen evangelischen Christen durch. In der katholischen Kirche kam es auf dem Konzil von Trient (1546) zur Entscheidung, dass allein der Text der Vulgata Grundlage der Lehre und des Gottesdienstes sein dürfen. Zwar gab es weiter deutschsprachige katholische Bibelausgaben, doch erst im 20. Jahrhundert wurde ein Bibelwerk gegründet, das einen deutschsprachigen Einheitstext der römisch-katholischen Kirche entwickelte – die Einheitsübersetzung.

Heute ist die Bibel das meist übersetzte und das meist verkaufte Buch der Welt. 2011 liegen Bibel oder Bibelteile weltweit in über 2500 Sprachen vor. Jährlich werden allein vom Weltbund der Bibelgesellschaften rund 20 Millionen Vollbibeln hergestellt und verbreitet. Unter den deutschsprachigen Bibelausgaben unterscheidet man grob

- *urtextnahe oder philologische Übersetzungen*
- *Ausgaben, die einen Mittelweg gehen*
- *kommunikative oder verständnisorientierte Übersetzungen.*

Urtextnahe Übersetzungen wollen so gut wie möglich dem Urtext nahe kommen. Beispiele sind die »Elberfelder Bibel« (rev. 1985/2006 neu durchgesehen), die »Menge-Bibel« (1926/1994), die »Schlachter-Bibel« (1905/ rev. 2001) oder im Alten Testament die Bibel von Martin Buber und Franz Rosenzweig (1929/1997). Einen *Mittelweg,* so nahe am Urtext wie möglich und so verständlich wie nötig, gehen »Luther 1984«, die »Einheitsübersetzung« (1980) und die »Zürcher Bibel« (rev. 2007). Schließlich gibt es *verständnisorientierte, kommunikativ* genannte Übersetzungen, die so verständlich wie möglich sein wollen. Dazu gehören die »Gute Nachricht Bibel«, die »Hoffnung für alle« (rev. 2002), die »Neue Genfer Übersetzung« (NGÜ – Neues Testament 2009) oder die »Basis-Bibel« (Evangelien 2010). Eine Übersetzung mit besonderen Schwerpunkten ist die »Bibel in gerechter Sprache« (2006). *Freie Übertragung* in die Volkssprache bieten die Volxbibel (2010) oder Mundartbibeln.[69]

---

68 Siehe hierzu »ReliBausteine Bibel«, 135–140.

69 Ausführliche Hinweise zu den aktuellen Bibelausgaben mit Hinweisen zu Internetausgaben finden sich in »Bibel kreativ erkunden«, 109–110.

Die Bibel – Wort Gottes?

Was die Bibel von anderen Büchern unterscheidet ist ihr Anspruch. Sie will glaubhaft machen, dass Ereignisse der Weltgeschichte in Beziehung zu Gott stehen. Die Bibel spannt den Bogen von der Schöpfung bis zur Vision der Offenbarung – sie bezieht sich also auf Vergangenheit, Gegenwart und Zukunft des Menschen mit Gott und seiner Welt. In der Auferstehung zeigt Gott den Menschen, dass er für sie eine neue Hoffnung bereithält, die über den Tod hinaus anhält. Es geht letztlich in der Bibel um Gottes liebevolles Handeln in dieser Welt, das selbst den Tod überwindet. Die Verfasser der biblischen Bücher legen davon Zeugnis ab, dass für sie hinter allen Dingen Gottes Wille und Handeln sichtbar ist. Damit ist die Bibel primär Glaubenszeugnis, das andere zum Glauben führen oder sie darin stärken soll. Sie ist demnach durch und durch menschliches Glaubenszeugnis.

Weil die Verfasser aber beschreiben, wie Gottes Liebe durch sein Wirken sichtbar wird, können die biblischen Texte Menschen anregen, selbst Erfahrungen mit diesem Gott zu machen. Weil in Jesus Christus die Liebe Gottes für alle Menschen sichtbar geworden ist, geht die Bibel nach christlicher Überzeugung jeden Menschen etwas an. Durch die Begegnung mit dem Text kann der Mensch erfahren, was Gott für ihn bedeutet. Insofern kann der Text durch Gott selbst zum Wort Gottes werden. Dies lässt sich aber nicht lehren oder lernen. Die Begegnung zwischen Gott und Mensch kann aber durch die Beschäftigung mit dem Text provoziert werden. Ein Verfahren, das auf eine solche Begegnung abzielt, nennt man »lectio divina«. Die grundlegenden Fragen sind dabei: *»Was sagt der biblische Text in sich?«* und *»Was sagt uns der biblische Text?«*[70] Auf eine persönliche Begegnung mit dem Text sollte deshalb jede geistliche Beschäftigung mit der Bibel hinauslaufen. Deshalb steht am Ende einer Bibelauslegung immer die Frage, was der antike Text heute noch für eine Wahrheit enthält, die mich persönlich anspricht.[71] Der Unterricht mit der Bibel trägt deshalb dazu bei, die Begegnung mit dem Text dadurch einfacher zu gestalten, indem eine Sicherheit im Umgang mit den biblischen Büchern erreicht wird. So findet der Lernende in der Bibel Deutungsmuster, die ihm erlauben, in seinem eigenen Leben die Spuren Gottes wahrzunehmen. Indem er sich mit anderen Menschen und deren Erfahrungen mit Gott beschäftigt, kann er selbst seine Erlebnisse im Alltag der Welt mit Gott in Verbindung setzen und Erfahrungen mit ihm machen.

---

70 Vgl. Benedikt XVI., Verbum Domini, 87 (www.vatican.va).

71 Vgl. dazu ausführlich Paul Metzger / Markus Risch, Bibel auslegen: 5.3. Der Wahrheitsanspruch des Textes.

Mit elementaren Bibeltexten umgehen

Die Bibel besteht aus vielen unterschiedlichen Sammlungen von Texten. Diese wurden in immer anderen Situationen zu verschiedenen Zeiten für unterschiedliche Zielgruppen geschrieben. In der Entstehungsgeschichte der Bibel hat es Phasen gegeben, in denen Texte gesammelt und unter bestimmten Fragestellungen und Absichten zusammengestellt wurden. Eine der Phasen muss vor dem Exil (587/586 v. Chr.) in der Zeit der Könige Israels gewesen sein – die so genannte »deuteronomistische Redaktion«, benannt nach dem fünften Buch Mose. Eine weitere lag nach dem Exil. Priester hatten wohl während und nach dem babylonischen Exil Texte verfasst und redigiert (»priesterliche Redaktion«). Die Worte und Taten Jesu wurden gesammelt und nach seinem Tod zu Evangelien zusammengestellt. Auch wenn die heutigen Verfasser teils unbekannt sind, kann man den Hintergrund der Gemeinde durch die Unterschiede zwischen den Evangelien erschließen. Selbst die Briefe des Neuen Testaments wurden geordnet. Das Ergebnis ist die Bibel, wie sie uns heute vorliegt – eine Sammlung der Erzählkomplexe und Bücher, die Zeugnisse einer über 1000 Jahre währenden Geschichte Gottes mit den Menschen spiegeln.

In diesem Kapitel sollen Hintergründe von Texten, Erzählkomplexen, Büchern oder Buchgruppen erläutert werden, die häufig im Unterricht verwendet werden. Dabei geht es darum, das **Sinnpotential der Texte** deutlich zu machen. Dies kann nur exemplarisch geschehen. Hervorgehoben werden dabei die **elementaren Grundfragen**, auf die die Erzählkomplexe oder Bücher antworten.

Neben den elementaren Fragen und einer Einleitung in den Bibeltext werden noch **Praxishinweise** gegeben, die ansatzweise Impulse für den Unterricht bieten.

Weitere Hilfen zur Exegese eines Textes finden sich im Band »Bibel auslegen«, Impulse für die konkrete Gestaltung und Umsetzung biblischer Texte im Unterricht finden sich im Band »Bibel kreativ erkunden« der Reihe »Praxishandbuch Bibel«.

Elementare Bibeltexte im Alten Testament

Die Geschichten vom Anfang (1. Mose 1–11)

Die ersten Geschichten der Bibel legen die Basis für das biblische Verständnis von Gott und der Welt. 1. Mose 1–3 ist Teil der Urgeschichte (1. Mose 1–11), bei der es sich um einen ursprünglich mündlich weitergegeben Schatz an Erzählungen handelt, der bei den verschiedenen Stämmen Israels im

Wesentlichen einheitlich, aber im Einzelnen mit vielen Nuancen tradiert wurde. Die ersten drei Kapitel der Bibel antworten auf Fragen wie:

- *Woher kommt die Welt? Wie war ihr Anfang?*
- *Gibt es eine ordnende Hand oder war alles Zufall?*
- *Was ist der Mensch und welche Aufgaben hat er?*

In den weiteren Erzählungen der Urgeschichte (1. Mose 3–11) zeigt sich, dass die Welt nach der Vertreibung aus dem Paradies nicht mehr so in Ordnung ist, wie sie am Anfang war. Damals wie heute fragen sich Menschen:

- *Wieso ist die Welt nicht mehr so gut wie am Anfang?*
- *Woher kommt das Leid in der Welt?*
- *Steht Gott zu uns, wenn wir schlimme Dinge tun?*
- *Wieso verstehen sich die Menschen nicht?*

Vier Geschichten, die »Vertreibung aus dem Garten Eden«, »Kain und Abel«, »Noah und die Arche« und der »Turmbau zu Babel« zeigen je auf ihre Weise die Bedrohung von Gottes guter Schöpfung und geben Antworten auf diese Fragen. Sie wurden erzählt, um zu zeigen: Gott hat alles gut geschaffen. Aber die Menschen sind frei, auch böse Dinge zu tun und ihn zu vergessen. Daher ist die Welt heute nicht mehr so, wie Gott sie ursprünglich gedacht und gemacht hat.

Die Schöpfung (1. Mose 1–2)

Die Erzähler machen deutlich: Gott schafft die Welt aus dem Tohuwabohu, dem Chaos. Kein Zufall, sondern Gott steht am Anfang der Welt. Die Schöpfungsgeschichte setzt sich dabei von anderen Mythen ab und stellt fest: das, was andere als Götter verehren (Sterne, Mond, Sonne), hat Gott gemacht. Gott erschafft diese Welt mit allem, was sie enthält. Es gibt darin nichts, was nicht von Gott gemacht wurde. Er erschafft den Menschen als ein Gegenüber. Ihm überträgt er die Verantwortung für seine Schöpfung, er soll als guter König über die Erde herrschen und sich um ihre Geschöpfe sorgen.

1. Mose 1,1–2,4a ist im Grunde ein Lied, das die Schöpfung der Welt auf sieben Tage (= Zeitabschnitte) verteilt. Der Text entstammt priesterlicher Tradition. Er will den Gott Israels als den einzigen wahren Gott zu erkennen geben. Nur der Gott Israels ist der Schöpfer der Welt. Am Anfang der jüdischen und christlichen Heiligen Schrift steht damit ein Bekenntnis. Es geht nicht um eine naturwissenschaftliche Erklärung, wie das Universum entstanden ist, sondern um den Trost, dass diese Welt kein blinder Zufall der Biologie ist. Die Welt und der Mensch darin sind nach Gottes Willen geschaffen. Die Erzählungen vom Anfang sind deshalb Glaubensaussagen.

Gott hat in die Schöpfung das Potential gelegt, sich zu entwickeln und selbst Leben hervorzubringen (1. Mose 1,11). Der Mensch wird als Ebenbild Gottes geschaffen. Als Frau und Mann ist in ihm angelegt, dass er ein Wesen ist, das Beziehungen braucht, um Leben zu können. Er ist Ansprechpartner Gottes und insofern Zeichen Gottes in dieser Welt. Er bekommt die Aufgabe, die eigentlich nur Gott zukommt, über die Schöpfung zu herrschen. Herrschen meint hier nicht, die Schöpfung rücksichtslos auszubeuten und zu manipulieren, sondern sie zu bewahren und sich um sie fürsorglich zu kümmern. Er darf diese Welt so gestalten, dass er darin gut leben kann. Dies darf aber nicht um den Preis geschehen, dass die Welt dabei zugrunde geht oder andere Menschen unterdrückt werden.

Am Ende des ersten Schöpfungsberichtes steht das Urteil Gottes über die Welt. Sie war sehr gut. Die Welt ist demnach von Gott her gut geschaffen. Alles, was in der Welt jetzt aber böse ist, kann nicht auf Gott zurückgeführt werden. Das Böse in der Welt ist theologisch im Grunde deshalb nicht zu erklären. Von Gott stammt es auf keinen Fall.

Weil Gott am letzten Tag der Schöpfung von seinem Werk ausruht, sollen auch die Menschen einen Tag in der Woche ruhen. Der Ruhe- und Feiertag, der Schabbat, wird so durch das Schöpfungswerk Gottes begründet.

Praxishinweise: Das erste Schöpfungslied kommt sowohl in der Grund- als auch in der Sekundarstufe vor. Kinder in den ersten Klassenstufen kommen vom Staunen über die Welt zum Erforschen und der Nachfrage nach ihrem Ursprung. Sie sehen in ihr teils eine Ordnung, teils eine zufällige Entstehung. Ziel ist, dass Kinder elementare Fragen über die Entstehung der Welt reflektieren und das eigene Selbst- und Weltverständnis ausdrücken können. Aber es geht auch darum, dass sie die beiden Schöpfungslieder von einer rein wissenschaftlichen Beschreibung der Weltentstehung unterscheiden lernen. Kreativ kann man eine Bildcollage (siehe »Bibel kreativ erkunden«, S. 59), ein Nacherzählen der Schöpfungstage mit Geräuschen (siehe »Bibel kreativ erkunden«, S. 64), ein Schöpfungs-Mobile (pro Tag ein Symbol) oder anspruchsvoller einen »Schöpfungs-Rap« (»Bibel kreativ erkunden«, S. 67) umsetzen. Als Bewegungslieder eignen sich: »Du hast uns diese Welt geschenkt« (BiHi 13); »Er hält die ganze Welt« (KiGeBu 250).

Erste Geschichten von der Bedrohung der Schöpfung (1. Mose 3–4)
Die Paradiesgeschichte zeigt: Die Hochmut des Menschen ist der Grund, warum er nicht mehr »im Paradies« lebt. Das ältere Schöpfungslied beschreibt die Erschaffung des Lebensraumes nicht ausführlich, weil die Erschaffung des Mannes und der Frau im Vordergrund steht. Die Geschichte erklärt, warum der Mensch so lebt, wie er zur Zeit der Geschichte gelebt hat. Sie zeigt, dass der Mensch aus eigener Schuld nicht mehr so lebt, wie Gott es vorgesehen hat. Der Mensch wird beschrieben als ein Wesen, das die Fähigkeit hat, sich zu entscheiden. Er kann sich entscheiden, das Gebot Gottes zu befolgen oder es zu übertreten. Die Geschichte um den Baum des Lebens illustriert die Neugier des Menschen, gerade das zu tun, was ihm nicht erlaubt ist. Während Gott dem Menschen zutraut, in seiner Gemeinschaft zu leben, enttäuscht der Mensch dieses Vertrauen. Dies hängt mit dem Verhältnis von Mann und Frau zusammen. Der Mensch kann nur als Mann und Frau existieren. Jeder ist auf den anderen angewiesen. Alleinsein ist nicht die Bestimmung des Menschen. Er ist ein Gemeinschaftswesen. Das Bild, wonach die Frau aus der Rippe des Mannes geschaffen wurde, illustriert

diese Verbindung. Die Unterordnung der Frau unter den Mann ist deshalb von Gott nicht gewollt, sondern ein Ergebnis der Entzweiung von Gott und Mensch. Die Strafe (1. Mose 3,14–19) zeigt die Zwiespältigkeit der menschlichen Existenz. Die Arbeit, die zum Menschsein gehört, wird zur lebenslangen Mühe und die Beziehung zwischen Mann und Frau wird gestört. Letztlich zeigen selbst die Strafsprüche Gottes Fürsorge und Gnade (1. Mose 3,20) – entgegen Gottes vorheriger Strafandrohung (1. Mose 2,17). Am Ende des Textes steht der Zustand der Welt, wie sie die Menschen vorfinden – als eine Deutung der Welt aus der Perspektive des Glaubens.

Auch die folgenden Geschichten zeigen die Bedrohung von Gottes guter Schöpfung. Sie wurden erzählt, um zu zeigen: Gott hat alles gut geschaffen. Aber die Menschen sind frei genug, auch böse Dinge zu tun und ihn zu vergessen. Daher ist die Welt heute nicht mehr so, wie Gott sie ursprünglich gedacht und gemacht hat. Die Kain-und-Abel-Erzählung zeigt: Der Mensch kann Gott nicht verstehen. Das muss er anerkennen. Gleichzeitig bedroht der Mensch sogar seinen eigenen Bruder. Vollständig wird die Welt schließlich in der Noah-Geschichte bedroht.

Praxishinweise: Kinder und Jugendliche wissen, dass sie nicht mehr im Paradies, also einer »heilen« Welt leben. Daher sollten sie die biblische Antwort auf die Frage, warum die Welt heute kein Paradies mehr ist, nacherzählen können. Darüber hinaus legt der Schöpfungsauftrag des »Bebauens und Bewahrens« nahe, dass Kinder Ideen entwickeln können, wie die Schöpfung bewahrt werden kann. Zentrale Symbole sind hier Garten und Baum. Als kreative Zugänge eignet sich eine Collage, was sich Kinder als Paradies vorstellen. Auch kann ein Baum der Erkenntnis von Gutem und Schlechtem gestaltet werden – mit Früchten, die zeigen, was gut ist und was schlecht. In der Kain-und-Abel-Geschichte können Wut- und Neiderfahrungen und die Eskalation von Gewalt thematisiert werden, wie auch die Strategien gegen Wut. Hier eignen sich Farbenbilder zu Wut, Neid oder Gewalt. Auch gibt es ein Lied zu »Kain und Abel« (BiHi 24f).

Gottes Bund mit Noah (1. Mose 6–9)

Die Sintflut-Erzählung zeigt: Gott ist seine Welt nicht gleichgültig, weswegen er direkt eingreift. Wichtig ist die Aussage, dass Gott den Menschen beschützt, obwohl dieser ein böses Herz hat. Außerdem zeigt die Geschichte, dass Gott kein teilnahmsloser Gott ist, der als unveränderliches Prinzip im Himmel thront. Gott kann seine Taten bereuen, sie korrigieren und sich letztlich damit abfinden. Das zeigt, dass auch Gott sich verändert und mit seiner Schöpfung mitlebt.

Die Geschichte des Bundes zwischen Gott und Noah ist eng mit der Sintflut verbunden. Diese Erzählung steht in Verbindung mit dem altorientalischen Gilgamesch-Epos. Am Text der Erzählung selbst ist auffällig, dass es einige Spannungen in 1. Mose 6–9 gibt (z. B. Zahl und Art der Tiere, die in die Arche kommen sollen, die Dauer der Flut, die zweimalige Ankündigung der Katastrophe oder die unterschiedliche Terminologie Gottes: die Verwendung des

Eigenamens JHWH und die Bezeichnung Elohim »Gott«). Zu Beginn (1. Mose 6,5–8) geht es um die Boshaftigkeit des Menschen, die sein Herz prägt. Auf diese reagiert JHWH seinerseits mit negativen Gefühlen (1. Mose 6,6f), auch wenn er sein Strafhandeln abmildert (1. Mose 6,8). Diese Zuwendung bleibt nach der Sintflut (1. Mose 8,20–22) bestehen, obwohl das Herz der Menschen auch nach der Flut nicht frei vom Bösen ist.

Zentrale Figur ist Noah, der wegen seiner Gerechtigkeit und seines Gehorsams – was die existentielle Bedeutung einer Orientierung am Wort Gottes unterstreicht – auserwählt wurde. Er und seine Familie und von jeder Tierart ein Paar (nach anderer Erzähllinie sollen von jeder reinen Art sieben und von jeder unreinen Art zwei mitgenommen werden) sollen gerettet werden. Die Arche, der Rettungskasten (derselbe hebräische Begriff wie der Behälter, in dem Mose gerettet wurde) gewährleistet, dass die kommende Flut nicht die gesamte Schöpfung auslöscht. Vierzig Tage und Nächte – eine Zahl der Vollkommenheit – regnet es ununterbrochen, bis es aufhört und Noah Raben und Tauben entsendet, um trockenes Land zu finden. Eine Taube bringt einen Ölzweig als Hoffnungszeichen, bis alle Lebewesen gerettet sind. Als Noah Gott ein Opfer bringt, schließt dieser mit den Menschen und Tieren einen Bund im Zeichen des Regenbogens, der Menschen an das Versprechen, die Erde zu bewahren, erinnern soll. Bund bedeutet »Verpflichtung/Bestimmung« – hier bezogen darauf, dass er die Erde nicht wieder zerstören wird (1. Mose 8,22).

Praxishinweise: Die Sintfluterzählung kommt sowohl in der Grundschule als auch in der Sekundarstufe vor. Die Bedrohung der Schöpfung durch Umweltzerstörung oder durch Naturkatastrophen ist bereits Grundschulkindern nicht fremd. Hier sollte Gottes Zusage (Bund), die in der Aussage 1. Mose 8,22 gipfelt, bei der Aufarbeitung im Zentrum stehen. Zentrale Symbole sind hier Wasser, die Taube und der Regenbogen, der mit der Zusage verbunden ist. So können eine eigene Melodie und Tanzschritte zu dem Spruch entwickelt werden, oder das Lied von Siegfried Macht »Solang die Erde steht« (KLGT S. 76) kann als Basis für die Vertiefung dienen. Ein weiteres Lied ist »Gottes Regenbogen« (BiHi S. 36f).

Der Turmbau zu Babel (1. Mose 11,1–9)

Die Turmbau-Geschichte deutet, warum die Menschen unterschiedliche Sprachen sprechen und über den Erdball zerstreut leben. Die Erzählung stellt eine »Ätiologie« dar (eine Erzählung, die die Wirklichkeit deutet). Die Menschen haben verschiedene Sprachen, weil sie sein wollten wie Gott. Dieser menschliche Wunsch spielt schon in der Paradieserzählung eine verhängnisvolle Rolle und kehrt hier wieder. Er ist ein grundsätzliches Verhängnis des Menschen.

Die Menschen wollen in der Erzählung ihre eigene Größe aufrichten, indem sie einen Turm bauen, der bis an den Himmel reicht, also Gottes Wohnsitz erreicht. Doch der Turm ist aus göttlicher Perspektive so klein, dass Gott erst von seinem Thron herunterkommen muss, um ihn zu sehen. Diese Ironie der

Geschichte zeigt, dass es für Menschen aussichtslos ist, so wie Gott sein zu wollen.

Die Turmbauerzählung ist im Rahmen der Urgeschichte verständlich. Der Mensch zerstört sein Verhältnis zu Gott und seinen Mitmenschen. In der Erzählung vom Pfingstwunder in Apg 2 schafft Gott durch die Aussendung des Heiligen Geistes wieder eine Verbindung zwischen den Menschen, die die Botschaft Christi verstehen können trotz verschiedener Sprachen.

Praxishinweise: Leider ist diese Geschichte nur in wenigen Plänen verortet. Bereits jüngere Kinder können mit ihr jedoch gut umgehen, überwinden sie doch Sprachhindernisse spielerisch. Je älter sie werden, desto mehr wird Sprache selbst zum Hindernis der Kommunikation. Dass Menschen sich »nicht verstehen«, ist eine allgemeine Erfahrung, die hier einbezogen werden kann. Es kommt darauf an, dass Kinder die Turmbauerzählung als eine Geschichte deuten können, die erklärt, warum Menschen sich nicht verstehen. Zentrales Symbol ist der Turm. Kreativ können beispielsweise Bausteine aus Karton mit Ursachen und Folgen des Nichtverstehens beschriftet werden. Als Lied kann »Auf Leute! Packt mit an!« (BiHi S. 38f) eingesetzt werden.

Geschichten der Väter und Mütter Israels (1. Mose 12–50)

Die Geschichten der Väter und Mütter in 1. Mose 12–50 sind Weggeschichten, die von Gottes Führung erzählen. Sie geben Antworten auf Fragen:

- *Welchen Weg geht Gott mit Menschen?*
- *Wie kann ein Leben im Vertrauen auf Gott aussehen?*
- *Ist Gott auch mit uns, wenn wir Fehler machen?*
- *Wie ist das Auf und Ab im Leben der Menschen zu verstehen?*

Diese Geschichten werden anhand ihrer Protagonisten in Erzählkomplexe untergliedert: Abraham (1. Mose 12–25), dessen Sohn Isaak (26–27) und dessen Sohn Jakob (27–36) und schließlich das Geschick von Josef (37–50). Der Abraham-Sara- sowie der Isaak-Rebekka-Komplex legt das Gewicht auf die Verheißung des Bundes an Abraham. Damit erweist sich Gott als einer, der seine Versprechen hält. Ein Leben im Vertrauen auf Gott führt deshalb zum Ziel.

Die Erzählung »Isaak und Rebekka« verrät, wie Ehen geschlossen wurden. Auch hier wird eine Geschichte erzählt, die die Begleitung Gottes verdeutlicht. Die Esau-Jakob-Erzählung zeigt, dass Gottes Erwählung nicht am ethischen Handeln der Menschen hängt. Er bestraft zwar die Taten des Menschen, doch zeigt die Geschichte des Betrügers Jakob, dass Gott den Menschen nicht verlässt, obwohl dieser einen anderen betrügt.

Die Josefsgeschichte beschreibt sehr eindrücklich das Auf und Ab im Leben. Elementare Erfahrungen des Menschen (Ungerechtigkeit, Neid) werden aufgenommen. Das weitere Schicksal Josefs, der Sklavendienst, die schlüpfrige Potifar-Szene bis hin zur Rettung der Familie durch den Verwalter

Josef und deren Übersiedelung nach Ägypten – all dies zeigt: Gott begleitet Josef in jeder Lebenslage. Der Schwerpunkt wird also auf Gottes begleitendes Handeln gelegt: Mit Gottes Hilfe kann aus einer schlechten immer auch eine gute Situation entstehen.

Durch alle Erzählungen zieht sich wie ein roter Faden die Zusage Gottes, den Vorfahren des Volkes Israel beizustehen. Direkt zu Beginn kündigt Gott an, dass er Abraham segnen will. »Segen« meint hier Begleitung und Schutz. Zu dieser Fürsorge Gottes gehörte damals auch, dass Abraham viele Kinder haben wird, da diese für das Überleben der Familie notwendig waren. Die Geschichten der Erzeltern Israels erzählen mehrmals von der Not der Kinderlosigkeit (1. Mose 18: Sarah; 1. Mose 25: Rebekka; 1. Mose 29: Rahel). Alle späteren »Erzmütter« Israels sind zunächst unfruchtbar und bekommen dann doch Kinder. Dieses Motiv verdeutlicht, dass Gott sich um Menschen kümmert, denen er seinen Segen gegeben hat. Entgegen aller menschlichen Wahrscheinlichkeit und Erfahrung kann Gott dem Menschen helfen. Auch gefährliche Situationen lassen sich mit Hilfe Gottes bestehen. Der machtlose Nomade Abraham trotzt mit göttlicher Hilfe dem Pharao und darf seine Frau behalten (1. Mose 12). Auch dieses Motiv wiederholt sich (1. Mose 20; 26) und lenkt den Blick des Lesers auf Gottes Eingreifen. Von sich aus sind die Erzväter keine Helden, sie erscheinen als schwache Menschen, die nicht besser sind als andere. Von Gottes Führung hängt das Schicksal Israels bereits ab, als es Israel als Volk noch gar nicht gab. Dies macht Hoffnung für die Zukunft. Gottes Bund mit Israel kann nicht gebrochen werden, weil Gott den Bund von sich aus schließt. Dies zeigt sich exemplarisch beim Lügner und Betrüger Jakob. Mit Hilfe seiner Mutter erschwindelt er sich den Segen seines Vaters, also den Segen Gottes. Trotz dieser Tat lässt Gott Jakob nicht fallen. Er begleitet ihn und verhilft ihm zu zwölf Söhnen, die später die Stämme Israels bilden werden. Allerdings kommt auch Jakob nicht ohne Strafe davon. Beim Kampf am Jabbok (1. Mose 32) wird er verletzt und überlebt diese Nacht schließlich als geläuterter Mensch, der sich mit seinem Bruder versöhnt. Der Bund Gottes mit den Menschen hängt also nicht ausschließlich vom Gehorsam des Menschen ab, sondern von der Bereitschaft Gottes, eine Beziehung zum Menschen aufzubauen.

»Bund« ist ein zentrales Thema der Genesis. Allerdings bedeutet dies nicht, dass das Leben jetzt leicht ist. Bund bedeutet auch Verpflichtungen und Mühe. Gottes Bund ist wie Gottes Segen nichts, was man sich verdienen oder besitzen kann. Gott begleitet Abraham zwar, aber er fordert von ihm, dass er seine Heimat zurücklässt und in ein fremdes Land aufbricht. In 1. Mose 22 verlangt er von ihm, dass er seinen Sohn Isaak opfern soll. Mit diesen Zumutungen soll Gott nicht als grausamer Tyrann erscheinen, allerdings wird durchaus der Anspruch deutlich, den er an den Menschen hat. Was Gott vom Menschen fordert, ist Vertrauen und Glaube. Wenn Abraham aufbricht, dokumentiert dies sein Vertrauen in Gott und weniger eine Leistung, die ihm angerechnet wird. Daher sind Bund und Segen kein erworbener Besitz, sondern eine Lebenshaltung, die darauf vertraut, dass Gott gegen den bösen Augenschein die Dinge zum Guten wenden wird. Mit diesem Gedanken beendet die Josefsnovelle das erste Buch Mose und die Zeit der Väter und Mütter des Glaubens. Diese »Bildungsgeschichte« verdeutlicht, dass Gott einen guten Plan mit den Menschen hat, auch wenn man ihn zunächst nicht versteht. Josef, dem viel Böses widerfährt, zeigt, dass es sich lohnt, auch dann noch Vertrauen in Gott zu haben, wenn die Umstände aussichtslos scheinen.

Praxishinweise: Die drei biblischen Erzählkomplexe sind Klassiker der Grundschule und werden dort ausführlich behandelt. Sie bilden jede für sich eine Einheit, doch geht es durchgehend um das bedingungslose Vertrauen, das Kindern im Laufe ihrer Entwicklung verloren geht. Alle Geschichten machen aber deutlich: Gott ist ein verlässlicher Partner, der Unmögliches möglich macht (Abraham), der selbst auf krummen Wegen begleiten kann (Jakob) und der in allen Höhen und Tiefen dabei ist (Josef). Daher ist das zentrale Symbol der Weg.

Bei Abraham sollen Kinder das Wagnis des Aufbruchs nachvollziehen können sowie die gegenseitige Verlässlichkeit und das Vertrauen, das das Verhältnis von Abraham zu Gott auszeichnet. Als wichtiges Symbol dienen Sterne, da sich in ihnen die Zusage der Nachkommenschaft spiegelt. Klassisch kann hier das Anfertigen von Sternenbildern das Symbol vertiefen. Als Lieder eignen sich »Abraham, Abraham« (BiHi S. 49f; KiGeBu S. 278f) oder »Ich will dich segnen« (BiHi S. 53).

Bei Jakob und Esau ist für Kinder der Geschwisterkonflikt mit Eifersucht und Streit gut nachvollziehbar, sodass sie den der Brüder reflektieren können. Anders ist dies mit Erstgeburtsrecht und Segen – beides muss gut eingeführt werden. Als Symbol hierfür dient die Hand, die in der Geschichte segnen und versöhnen kann. Hier könnte man mit Lernenden Segensgesten oder auch szenische Spiele zu Streit und Versöhnung entwickeln.

Bei der Geschichte Josefs können Kinder den Ärger der Brüder gut verstehen, da bei Geschwistern manchmal einer bevorzugt wird. Wie Josef kennen auch sie Phasen des Auf und Ab, die sie verbalisieren können. Im Zentrum steht die Erkenntnis, dass sich auch schlimme Phasen als gut erweisen können – als Ermutigung für das eigene Leben. Die Geschichte enthält eine Vielzahl von Symbolen, besonders in den Traumbildern. Zentral sind die Kleidungsstücke: Das Gewand als Geschenk des Vaters, der Stein des Anstoßes, und die Kleidung, die der Pharao Josef schenkt (Ring, Gewand und Schuhe), da dies die Herrschaftszeichen sind, durch die die Brüder Josef nicht mehr erkennen. Hierbei lässt sich fragen, ob nicht die Josefsgeschichte aufgrund ihrer Dynamik des Auf und Ab gerade eine Geschichte für pubertierende Jugendliche wäre. Kreativ eignet sich eine ›Fieberkurve‹ zum Leben Josefs oder eine Soundgeschichte (»Bibel kreativ erkunden«, S. 63). Als Lieder eignen sich »Jo-, Jo-, Josef« (KLGT S. 85) und »Das Josefslied« (BiHi S. 56f).

Geschichten vom Auszug aus Ägypten (2. Mose bis 5. Mose)

Die Auszugsgeschichte ist bis heute die zentrale biblische Erzählung in der jüdischen Tradition, die jedes Jahr zu Pessach am Sederabend weitergegeben wird. Diese Geschichte klärt folgende Fragen:

- *Kann Gott uns helfen, wenn wir in Not sind?*
- *Wonach kann ich mich in meinem Leben richten?*

Die wundersame Rettung wurde bereits früh in Liedern besungen (2. Mose 15: Mirjams Lied und 5. Mose 26,5ff). Diese Texte gelten als die ältesten der Bibel. Diese Rettung ist verbunden mit den »Wegweisern« des Lebens, den Geboten Gottes.

Mit Mose begegnet uns der ausführlichste Erzählkomplex, der zumeist für die zweite Phase der Grundschulzeit vorgeschlagen wird. Dabei liegt der Schwerpunkt einer Textauswahl auf der Kindheit des Mose (2. Mose 2), Gottes Namen (2. Mose 3) und dem Befreiungshandeln (2. Mose 14f). Die Geschichte setzt die Kenntnis anderer Geschichten (Abraham, Jakob, Josef) und ein Bewusstsein für grundlegende menschliche Probleme voraus (Freiheit, Ungerechtigkeit).

Die **Zehn Gebote** und der Exodus sind aufeinander bezogen. Die Übergabe der Gebote an das Volk Israel findet auf dem Weg ins gelobte Land statt und auch im ersten Gebot wird der Bezug zum Exodus-Ereignis und dem Geschenk der Freiheit hergestellt. Nur so sind die »Wegweiser Gottes« auch als Geschenk erfahrbar.

Die Zehn Gebote, die auch Dekalog genannt werden (griechisch: »Zehn Worte«), zählen im Christentum zu den wichtigsten Texten des Alten Testaments und prägten lange bereits das Lernen (siehe S. 30f). Zweimal ist der Text im Alten Testament überliefert – 2. Mose 20 und 5. Mose 5. Die Dekalog-Fassungen unterscheiden sich in der Wortwahl und Reihenfolge der Gebote. Die Forschung ist sich nicht einig, welche die ältere Fassung ist, doch werden sie als sich ergänzend verstanden. 2. Mose 20,1–17 ist formal in die Sinai-Erzählung (2. Mose 19–24) eingebettet – umrahmt von Redesituationen zwischen Gott und Mose auf dem Berg Sinai. Die Zehn Gebote im Buch Deuteronomium stehen im Kontext des Rückblicks Mose und der Erinnerung an die Ereignisse vom Sinai.

Der Dekalog beginnt mit einer Einleitung, die das Folgende als Gottesrede ausweist, ohne einen Adressaten zu nennen. Die Formel »Ich bin der Herr, dein Gott«, die sich in Vers 2 und 5 findet, umrahmt den ersten Teil der Zehn Gebote als Erinnerung an das durch den Exodus entstandene exklusive Verhältnis (vgl. 2. Mose 3,7) zwischen Gott und dem Volk Israel und bildet damit die Grundlage für das Verständnis der Gebote. Die Verse 5 und 6 bilden einen Übergang vom Hauptgebot zu den weiteren Geboten.

Nach dieser Gottesrede wechselt der Sprecher ab Vers 7 in die dritte Person. Die hier endende Gottesrede hebt den ersten Teil des Dekalogs dadurch hervor. Vers 7 enthält das Gebot, den Namen des Herrn nicht zu missbrauchen, was zeigt, dass Gott in seinem Namen gegenwärtig ist und so auch verehrt werden kann. Das Sabbatgebot wird in 2. Mose 20 begründet mit der Erinnerung an die Schöpfung (vgl. dazu 1. Mose 2,3). Mit Vers 12 beginnt wieder ein neuer Abschnitt, denn die nun folgenden Gebote beziehen sich nicht mehr auf Gott, sondern auf die Mitmenschen, wobei Vers 12 eine Art Übergang bildet, da Gott noch vorkommt, sich das Gebot jedoch nicht direkt auf ihn bezieht. Das Elterngebot ist außerdem das letzte der Zehn Gebote, das eine Begründung aufweist. Wie schon beim Sabbatgebot liegt auch hier kein Verbot vor, sondern viel mehr die Aufforderung, aktiv etwas zu tun. Kinder – hier nicht als unmündige Heranwachsende zu verstehen, sondern als erwachsene Menschen – sollen ihre Eltern, die eventuell alt und schwach geworden sind, schützen und würdig behandeln. Dies ist in einer Gesellschaft, die kein soziales Netz kennt, lebenswichtig. Verallgemeinert heißt das, sich gegenüber Schwächeren verantwortungsbewusst zu verhalten. Dieses Gebot zielt auf den ersten Blick auf die Versorgung der älteren Generation, hat aber wohl eine religiöse Bedeutung, da die Eltern im alten Israel für die Weitergabe der Tradition verantwortlich sind – so beispielsweise durch Fragen nach dem Sinn und durch das mündliche Tradieren (vgl. dazu 5. Mose 6,20f). Die anschließenden Gebote (V. 13–17) sind nicht näher begründet. Der Sprecher tritt bei diesen Geboten in den Hintergrund. Diese fünf Gebote haben alle den Schutz des Nächsten zum Ziel. Dies gilt besonders in Bezug auf dessen Leben, auf die Nachkommen (und damit verbunden die Religionszugehörigkeit), dessen Hab und Gut oder sozial-ethische Werte, die sich auf das Zwischenmenschliche beziehen.

Der Übergang von 2. Mose 20,17 zu 20,18 ist nun ebenso uneinheitlich wie der Übergang zu Beginn des Dekalogs. Zwar reagiert das Volk auf die Gebote, doch scheint nur das Geschehen (also das Reden Gottes) selbst wichtig zu sein. Als Fazit lässt sich daher sagen:

Die Zehn Gebote klären das Verhältnis des Menschen zu Gott und zu seinem Nächsten. Dadurch, dass der Leser mit dem Personalpronomen »du« angesprochen wird, sind die Gebote persönlich. Allerdings ist eine Übersetzung mit »du sollst« nicht unproblematisch, da häufig daraus eine gesetzliche Auslegung folgte. Eine weitere Übersetzungsmöglichkeit ist »du wirst« – bezogen auf den Weg, den Gott mit den Menschen geht. Durch die teilweise fehlende Präzisierung ist der zweite Teil der Gebote allgemein zu verstehen und nicht auf eine bestimmte Situation oder Zeit bezogen. Es werden theologische, ethische und soziale Punkte angesprochen, die letztlich alle von Gottes Verhältnis zu seinem Volk Israel abhängen.

Der Blick in die Josua-Geschichte zeigt dann, dass sich nach dem Tod Moses die Zusage Gottes erfüllt. Die klassische Erzählung der Zerstörung Jerichos ist zwar historisch problematisch (archäologisch nicht nachweisbar), biblisch ist sie jedoch der Prototyp der Landnahme-Erzählungen.

Praxishinweise: Ungerechtigkeit und Unterdrückung ist für Kinder ab acht Jahren ein wichtiges Thema. Daher ist die Exodusgeschichte zumeist in Klassenstufe 4 verortet und kommt dann später in der Sekundarstufe nochmals. Anhand der Befreiungsgeschichte können sie nachvollziehen, dass Freiräume zum Leben notwendig sind. Auch die Gebote können vor dem Hintergrund des Schaffens von Freiräumen verstanden werden. Wichtig ist hier noch der Bezug zu Pessach, denn die Geschichte von Mose steht im Zentrum der jüdischen Festtradition und zeigt den Lernenden, wie eine Bibelgeschichte heute noch nachwirkt. Zentrale Symbole der Exodusgeschichte sind das Wasser (Mose Geburt und Rettung des Volkes) und der Berg (Mose Berufung und die Offenbarung der Zehn Gebote). Als kreativer Impuls zur Einheit können die Kinder sich selbst Ereigniskarten für ein Brettspiel ausdenken, das am Ende zur Vertiefung gespielt werden kann.[72] Zum Lied der Mirjam kann eine Melodie und ein Tanz gestaltet werden.[73] Eine weitere Möglichkeit ist die Talkshow – Beteiligte der Geschichte sitzen am Ende zusammen und erzählen, wie sie das alles erlebt haben (siehe »Bibel kreativ erkunden«, S. 39). Dann können Gebotstafeln hergestellt werden – aus oben abgerundeten Dachschindeln. Als Lieder eignen sich »Als Israel in Ägypten war« (KiGeBu S. 291) oder »Ich bin da« (BiHi S. 61f).

Geschichten von Rettern, Königen, Dichtern und Propheten

Dieser Komplex umfasst die Bücher Josua bis Chronik und beschreibt die Geschichte der Israeliten, in denen sich drei Phasen widerspiegeln:

- die Zeit der Landnahme und der Anfänge des Königtums (etwa 1200–1000 v. Chr.)
- die Zeit des Königtums (etwa 1000 bis 587/586 v. Chr.)
- die Zeit des Exils und des Wiederaufbaus (ab 586 v. Chr.).

Durchgehend ist eine Unsicherheit zu spüren, denn das Land, das den Vätern und Müttern versprochen wurde, droht immer wieder verloren zu gehen. So sind die Grundfragen, die alle Bücher ab dem Buch Josua durchziehen:

- *Wem gehört das Land Israel?*
- *Wie sicher ist unser Leben?*

Menschen sorgen sich um ihre Sicherheit und um die Grundlage ihrer Existenz. Für Menschen, die Krieg und Vertreibung erlebt haben, ist dies keine abstrakte, sondern eine sehr konkrete Frage.

Im Rückblick auf die Zeit, in der das Königtum entstand, fragen sich die Menschen in späterer Zeit:

- *Will Gott einen König?*
- *Was ist ein guter König?*

---

72 Spielbrett und Ereigniskarten: siehe »Bibel kreativ erkunden«, 92f.

73 Hierzu Michael Landgraf, Werkbuch Kinderlesebibel, Göttingen 2011, 43.

Das Königtum steht aufgrund der theologischen Aussage, dass Gott allein König sei (Gideon), immer unter Vorbehalt. Schon im Buch der Richter ist die Kritik an den Völkern und ihren Königen spürbar. Diese Kritik flammt dann immer wieder auf, wenn das Verhalten der Herrschenden in Frage gestellt wird. Die Geschichtsbücher Josua und Richter erzählen dabei, wie die Israeliten die Herrschaft im Land Israel von den Kanaanäern übernahmen, die in kleinen befestigten Städten lebten. Die *Landnahme* der umherziehenden Nomaden geschah auf unterschiedliche Weise: Manche Stämme kamen, wie die Mosegeschichte überliefert, aus Ägypten. Andere haben wohl bereits im Land gelebt. Jedenfalls ist um das Jahr 1200 v. Chr. auch archäologisch erkennbar, dass es einen Herrschaftswechsel gab. Nun regierten Bauern und Viehhirten das Land. Sie ordneten sich in Stämmen, die die Namen der Söhne Jakobs trugen.

Noch lange aber mussten die Israeliten gegen Feinde wie die Midianiter oder die Philister kämpfen. Um diese zu besiegen, brauchte Israel ein geordnetes Staatswesen – ein Umstand, den das Volk neu über das Amt eines Königs nachdenken ließ. Die Bücher Samuel, Könige und Chronik erzählen, wie es zu den ersten Königen kam und wie sie ihre Herrschaft etablierten, beginnend mit Saul, der den Kampf gegen die Philister aufnahm. König David besiegte die Philister, vereinte das Land und machte Jerusalem zu seiner Hauptstadt. Hier spielt Ruth eine wichtige Rolle, die dem Beobachter die Wurzeln Davids offenbart und zeigt: David stammt von einer Fremden ab – sie ist eine Moabiterin, die damals in Israel als verrufen galten. Dies unterstützt die Vorstellung, dass Gott durch jeden Menschen etwas Gutes bewirken kann, und mahnt, mit Fremden gut umzugehen. Die Könige Saul, David und Salomo machten Israel zu einem starken Königreich. Später dachten Menschen immer wieder an diese Zeit zurück. Sie hofften darauf, dass irgendwann ein König wie David wiederkommt.

David

Die Erzählungen vom Aufstieg und vom Königtum Davids setzen sich aus verschiedenen literarischen Überlieferungen zusammen. Sie zeigen insgesamt, dass Gott David auf seinem Lebensweg begleitet, obwohl David dies nicht verdient. Im Gegenteil: Er wird geschildert als ganz normaler Mensch, der große Fehler und Schwächen hat. Besonders sein Fehlverhalten in der Geschichte um Batscheba, bei der er ihren Mann Urija umkommen lässt (2. Sam 11f), ist hier zu nennen. Dass David trotzdem als großer König in die Geschichte eingeht, zeigt, dass Gottes Heilsplan im Vordergrund steht. Das Heil des Volkes hängt nicht an menschlichen Qualitäten oder an rechtlichen Institutionen (z. B. Königtum), sondern allein am Heilswillen Gottes. So ist die Geschichte Davids geprägt von menschlicher Tugend wie dem Mut und dem Gottvertrauen des Hirtenjungen, dem riesigen Feind Goliath entgegenzutreten, und ist gleichzeitig gekennzeichnet von Hinterlist und Niedertracht (z. B. sein Dienst bei den Feinden Israels, den Philistern, oder die von Mord und Betrug handelnden Geschichten um Davids Nachfolge).

Gerade wegen seiner moralischen Mängel, die die Erzählung nicht verschweigt, wird Gottes Einsatz deutlich. Gott bestraft und verzeiht, er gibt

David immer wieder die Chance zur Umkehr. Weil er diese letztlich nutzt, verknüpft sich mit David die Hoffnung, dass Israel irgendwann wieder einen König bekommen wird, der Recht und Ordnung garantiert (2. Sam 7,13). Diese Hoffnung verbindet sich mit der Erwartung eines Messias. So erklärt sich, warum an Jesus die Frage gestellt werden kann, ob er »Sohn Davids« sei (Mt 12,23; 22,42ff).

Praxishinweise: Außer Rut und David kommen die Geschichten in diesem Komplex zumeist erst in der Sekundarstufe vor – und das auch nur selten. Wichtig wird bei Sekundarschülern sein, den Zweck der Erzählungen zu erschließen. Dies kann im Rahmen einer Einführung über Gattungen der Bibel geschehen.[74]

Rut wurde in Primarpläne aufgenommen, weil es sich hier um eine Frauengeschichte handelt. Dabei ist dies keine einfache Geschichte, auch wenn es für Mädchen wichtig ist, dass Frauen die Hauptrolle spielen. Ruts Versprechen an ihre Schwiegermutter (»Wo du hingehst ...«) als eines der meistzitierten Bibelworte bei Trauungen, ist ein weiterer Ansatzpunkt. Schwieriger ist die gesellschaftliche Situation von damals zu verstehen (Boas als »Löser«) – eher ein Thema für die Sekundarstufe (Mann und Frau; Ehe). Das zentrale Symbol bei Rut ist der Weg. Daher können neben dem Versprechen (»Wo du hingehst ...«) weitere Wegworte formuliert und ein Lebensweg gestaltet werden.

Bei David fasziniert Kinder besonders die Geschichte, in der ein Kleiner ganz groß ist – verbunden mit der Hoffnung, dass Gott auch »kleinen Leuten« beisteht. Hier kann inhaltlich die Brücke zur Weihnachtsgeschichte geschlagen werden. Ein weiteres Motiv ist die Freundschaft zwischen David und Jonathan. Mit der Davidgeschichte können Kinder reflektieren, was eine echte Freundschaft ausmacht. Zentrale Symbole sind dabei die Schleuder und die Königskrone. Als Kreativ-Impuls eignet sich ein Rollenspiel zu »Was man für echte Freunde alles macht«. Als Lied eignet sich »David, König Israels« (BiHi S. 96).

Geschichte der Königreiche Juda und Israel und das Exil

Die Bücher Könige und Chronik schildern, wie nach dem Tod Salomos das Reich zerfiel. Der Norden des Landes nannte sich weiterhin Israel. Seine Hauptstadt war Sichem und später Samaria. Der erste König dieses Reiches war Jerobeam. Er soll goldene Stierbilder aufgestellt haben. Der Süden des Landes wurde Juda genannt. Hauptstadt war Jerusalem und der erste König war Rehabeam, Salomos Sohn. Die beiden Königreiche wurden in den nächsten Jahrhunderten von ihren großen Nachbarn bedroht. Sie mussten Ägypten oder den Königreichen im Zweistromland Assyrien und Babylonien Abgaben (Tribut) zahlen. Wer sich gegen eine Großmacht stellte, wurde bestraft. In Israel gab es bald eine Oberschicht und eine Unterschicht, Reiche und Arme. Es gab Unrecht und viele verehrten fremde Götter. Sowohl die

74 Siehe zur Jericho-Erzählung (Jos 6) »ReliBausteine Bibel«, 80.

Königsbücher und Chroniken als auch die Prophetenbücher berichten kritisch von den Missständen.

In dieser Zeit traten Propheten auf, um gegen diese Umstände anzugehen (siehe S. 73ff). Und es gab in dieser Zeit Dichter und Denker, die Gedichte und Lieder schufen, die in die Lehrbücher der Bibel eingingen.

Lehrbücher des Alten Testaments

Die Lehrbücher sind eine Sammlung von Schriften, wie sie im alten Orient verbreitet waren. Als »Weisheitsliteratur« verbinden sie Lehren aus Alltagserfahrungen mit dem Wissen um Gott. Es werden auf viele Fragen Antworten gesucht, von denen die wichtigsten sind:

- *Wie kann ich angemessen über Gott sprechen und ihn preisen?*
- *Wie kann man zu ihm sprechen / beten?*
- *Wie kann Gott Leid zulassen?*

Der letzten Frage ist ein ganzes Buch gewidmet. Hiob verliert seine Familie, seinen Besitz und seine Gesundheit. Gleichzeitig sieht er, dass es schlechten Menschen besser geht als gerechten. So kommt sein Vertrauen auf Gott immer wieder ins Wanken.

Alle Lehrbücher drehen sich die Frage, wie man *mit und von Gott* redet. Dabei geht es um Formen des Gebets oder auch um Bildworte für Gott, die besonders in den Psalmen zur Sprache kommen.

Die Psalmen sind religiöse Gedichte. Sie geben dem Menschen Worte an die Hand, mit denen er zu Gott beten und über ihn angemessen sprechen kann. Ihre Themen sind die des alltäglichen Lebens – die Klage, die man vor Gott bringt, genauso wie den Dank oder das Lob. 150 Psalmen wurden im Psalter gesammelt, die von Menschen zu unterschiedlichen Zeiten gedichtet wurden. Es gibt Lob-, Dank- und Vertrauenspsalmen (z. B. Ps 23, 103, 136 und 150), Klage- und Bußpsalmen (z. B. Ps 22, 51, 90 und 130), Weisheitspsalmen (z. B. Ps 1, 37 und 119) und Wallfahrtslieder (Ps 24 und 121). Viele von ihnen werden König David zugeschrieben, da er als Liederdichter galt (2. Sam 23,1; siehe Ps 3–41 und 51–72) – so auch der Psalm 23.

Psalm 23: Der Herr ist mein Hirte

Der Psalm 23 ist einer der bekanntesten Bibeltexte. Seine Bilder stammen zwar aus einer uns fremden Welt, doch fühlen sich viele Menschen immer noch darin aufgehoben. Weil das Johannesevangelium Jesus Christus als den »guten Hirten« bezeichnet, ergibt sich für christliche Leser ein besonderer Zugang zu dem Psalm.

Als »Hirte« wurde in der Antike ein Herrscher bezeichnet. So kann König David als »Hirte« angesprochen werden (2. Sam 24,17), genauso wie der erwartete Messias (Hes 34,23). Auch Gott wird mit einem Hirten verglichen (1. Mose 48,15; Jer 31,10). Infolgedessen stellt das Volk Israel Gottes Herde (Ps 77,21) dar. Gott ist der Herrscher über Israel, der seine Fürsorgepflicht erfüllt. Er sorgt für sein Volk, beschützt es vor seinen Feinden und garantiert ihm sein Überleben.

Gott wird demnach als Hirte und als Gastgeber angesehen. Das Volk, das sich manchmal im Dunklen allein gelassen fühlt, das Angst vor seiner Umwelt hat, findet in Gott seinen entscheidenden Ankerpunkt. Gott ist sein Halt, der mit großer Macht das Volk durch die Zeit leitet.

Insgesamt zeigt der Psalm also, dass das Leben ein Weg ist, auf dem sich der Mensch bei seinem Hirten geborgen weiß, weil der ihn durch Bedrohungen leitet und ihn auch dort weiterführt, wo der Tod eigentlich jeden Weg beendet. Über den Tod hinaus führt der gute Hirte sein Volk in sein Königreich.

Psalm 104: Lobe den Herrn, meine Seele!

Psalm 104 staunt über die Welt als Schöpfung Gottes. Er ist ein Bekenntnis des Glaubenden zu Gott. Es geht hier nicht um die Frage nach der Herkunft oder der Zukunft der Welt, es geht schlicht um das Erstaunen ob ihrer Schönheit und ihrer Ordnung. Dieses Staunen ist das Eingeständnis des Psalmdichters, dass Gott ihm weit überlegen ist. Er kann nur staunen, nicht verstehen. Die Welt übersteigt das menschliche Fassungsvermögen. Der Mensch kann deshalb nur Gott als den Schöpfer loben. Mit ihm hadern über die Ungerechtigkeit der Welt kann er im Grunde nicht, weil er das Universum nicht überblicken kann. Es ist bemerkenswert, dass die Psalmen an anderer Stelle trotzdem die Klage des Menschen ausdrücklich zur Sprache bringen. Das Gotteslob steht in diesem Psalm aber direkt im Vordergrund. Die Wirklichkeit Gottes erkennt der Beter durch die Schönheit. Indem er Gott lobt, kommt er ihm nahe.

Er versteht, dass Gott ihm die Welt als Lebensraum schenkt. Der Mensch soll sich in der Welt diesem Geschenk würdig erweisen. Trotz dieser Freiheit bleibt der Mensch auf Gott angewiesen. Er erhält das Leben und sorgt dafür, dass der Mensch in der Schöpfung agieren kann. Schöpfung ist also kein Vorgang, der einmal geschehen für immer fertig ist, sondern Schöpfung ist ein ständiges Eingreifen Gottes in die Welt, um sie zu erhalten.

Alle Ebenen, auf denen in der Welt nach antiker Vorstellung Leben herrscht, sind demnach von Gott durchdrungen: der Himmel, das Land und das Meer. Die Lebewesen darin sind von Gott abhängig. Gottes Gaben – Wein und Öl und Brot – stehen für die Freuden des Lebens. Das Brot gibt dem Menschen Kraft, der Wein macht ihn froh und das Öl schön.

Doch die Welt ist nicht nur schön. In Vers 35 erscheinen nunmehr Sünder und Gottlose sowie die Bitte, dass diese von der Erde verschwinden sollen. Die Welt läuft Gefahr, von den Menschen zerstört zu werden. Der Mensch wird dadurch kritisch gesehen und auf seine Verantwortung in der Welt angesprochen. Wer die Schönheit der Welt sieht, muss demnach auch für deren Erhalt eintreten.

Praxishinweise: Unter den Lehrbüchern sind laut Ingo Baldermann (S. 37f) und Rainer Oberthür die Psalmen die biblischen Texte, die Kinder sehr früh ansprechen. Mithilfe von Psalmworten kann man mit Kindern über Emotionen, Ängste, Freude und Leid ins Gespräch kommen. Ausführlich wird die Arbeit mit Psalmworten im Band »Bibel kreativ erkunden« (S. 80–82) beschrieben und kreative Vorschläge dazu gemacht. Eine weitere kreative Anregung wäre ein Psalm-Elfchen. Als Lieder eignen sich zu Ps 23 »Gott, du bist bei mir« (BiHi S. 76) und zu Ps 104 »Deine Welt ist voller Wunder« (BiHi 79f). In der Sekundarstufe geht es dann um die Unterscheidung und Gattungen der Psalmen und ihren Lebensbezug.[75]

Ein Buch, das in der Sekundarstufe gut eingesetzt werden kann, ist Hiob – besonders bei der Gottes- und Theodizeefrage. Andere Lehrbücher, die in der Sekundarstufe beleuchtet werden sollten, sind das Hohelied der Liebe und das Buch der Sprüche.[76]

Propheten

Propheten müssen dem Ruf Gottes folgen, ob sie wollen oder nicht. Der Schafzüchter Amos wurde von seiner Herde weggeholt und sollte den Leuten sagen, dass es so nicht weitergeht mit Ungerechtigkeit und Verehrung fremder Götter. Jona bekam die Aufgabe, in die mächtige Stadt Ninive zu gehen. Jesaja bot in einer Vision (Erscheinung) Gott selbst an, für ihn das Wort zu ergreifen. Propheten stellten sich die Frage:
- *Wie kann man dieser Aufgabe nachkommen?*

Aufgabe der Propheten war es, die Leute an Gottes Willen zu erinnern. Meist ging es um Fragen wie ...
- *Wie lange soll es noch so ungerecht zugehen?*
- *Wie lange sollen die Armen unterdrückt werden?*
- *Wie lange will das Volk noch fremde Götter verehren?*
- *Welche Folgen hat es, wenn die Gebote Gottes missachtet werden?*

Auch war es Aufgabe der Propheten, Strafen in Aussicht zu stellen. Eine der für Israel empfindlichsten Strafen war die Drohung, Gott werde das Land anderen Völkern in die Hände geben. Als schließlich Israel von den Babyloniern zerstört und die Oberschicht weggeführt wurde (587/586 v. Chr.), erkannte man, dass die Propheten recht gehabt hatten. Daher wurden ihre Worte weiter tradiert.

Jona

Das Buch Jona erzählt eine Geschichte, um ein theologisches Problem zu klären. Es geht dabei um die Frage der Barmherzigkeit Gottes. Jona steht prototypisch für die Ansicht, dass böse Menschen auch Böses erleiden sollen. Aber er erlebt, dass Gott sich gnädig gegenüber den Feinden Israels (Ninive) verhält, weil sie sich bekehren. Er übersieht dabei, dass er selbst von Gott begnadigt wurde, obwohl er sich dem Auftrag Gottes entziehen wollte. Zwei-

75 Siehe hierzu das Arbeitsblatt »Psalmen« in »ReliBausteine Bibel«, 80.
76 Siehe hierzu die Arbeitsblätter in »ReliBausteine Bibel«, 81–82.

tens – und das ist der wichtigere Aspekt – übersieht er, dass Gott seinen Geschöpfen wie ein liebevoller Vater gegenübersteht. Gott vernichtet Ninive nicht, weil die Einwohner ihr altes, schlechtes Leben bereuen und auf Gottes bzw. Jonas Warnungen hören. Die Erkenntnis, die das Buch vermitteln will, wird durch die Episode mit dem Rizinusstrauch illustriert. Die Pflanze ist von Gott gepflanzt, er hilft ihr zu wachsen, sie ist sein Eigentum. Jona aber meint, dass er Gott anklagen kann, wenn der Strauch eingeht. Damit überschreitet er sein Recht. Gott weist ihn darauf hin, dass er über den Verlust des Strauches traurig ist, obwohl er dafür gar nichts getan hat. Wenn aber Jona darüber traurig sein darf, dann ist doch einsichtig, dass Gott über den Verlust einer ganzen Stadt mit vielen Menschen und Tieren auch traurig sein dürfte – gerade wenn er sie selbst erschaffen hat. Das Buch zeigt also am Ende einen barmherzigen Gott, der seiner Schöpfung liebevoll gegenübersteht und immer die Chance zur Umkehr einräumt.

Amos

Das Buch Amos überliefert die bearbeiteten Worte des Propheten Amos, der zu seiner Zeit Israel das Gericht Gottes ansagt. Weil Israel von Gott erwählt wurde, hat es eine besondere Verantwortung. Dieser Verantwortung wird es aber weder ethisch noch in den Formen des Gottesdienstes gerecht. Die Formen von Recht und Gerechtigkeit werden gebeugt. Gott will aber keine Opfer und Danklieder, wenn Israel sich nicht um die Armen kümmert, sondern ihnen hohe finanzielle Lasten auferlegt. Amos wirft seinen Zeitgenossen vor, in verschwenderischem Luxus zu leben, das Rechtssystem zu untergraben und dabei diejenigen zu vergessen, die sich nichts zu essen kaufen können. Dieses ethische Fehlverhalten geht Hand in Hand mit dem Abfall vom richtigen Gottesdienst. Aufgrund dieses Verhaltens muss der Prophet erkennen, dass Israel seine Erwählung verspielt hat und dass Gott es strafen wird. Amos kündigt seinem Volk die Vernichtung an, damit es umkehrt. Die Zerstörung Israels durch die Babylonier wird in dieser Hinsicht als Gericht Gottes interpretiert. Am Ende steht aber auch die Überzeugung, dass Gott sein Volk nicht vollständig vernichten wird, sondern dass es Hoffnung gibt. Das Buch zeigt insgesamt also, dass es nicht gleichgültig ist, was ein Mensch tut. Gott fordert vom Menschen, sich seinem Mitmenschen gegenüber gerecht zu verhalten. Andernfalls kann der »liebe« Gott auch strafen.

Jesaja

Das Buch Jesaja besteht aus drei Teilen. Sie spiegeln die Zeit, in der sie entstanden. Die Worte des Propheten Jesaja werden gesammelt und immer weiter fortgeschrieben und dabei aktualisiert. Die Botschaft des Buches besteht in einer großen Geschichtsschau mit einem guten Ende. Am Anfang steht die Sorge um Israel (Jes 1–39). Weil Israel sich nicht am Willen Gottes orientiert, wird es Strafe erleiden. Gefordert ist der Glaube an Gott, den Israel nicht zeigt. Anstatt sich auf Gott zu verlassen, sucht das Volk Allianzen mit anderen, innerweltlichen Mächten, um sein Überleben zu sichern. Wahre Sicherheit kann aber nur von Gott kommen, der die anderen Völker genauso beherrscht wie Israel. Deshalb wird Israel seiner Strafe nicht entgehen.

Allerdings bleibt Gott in Israel präsent und so überlebt das Volk auch schlimmste militärische Niederlagen wie die Zerstörung Jerusalems und die Deportation der oberen Bevölkerungsschichten nach Babylon.

In Babylon wird die Heilsperspektive weiter ausgebaut (Jes 40–55). Der Verlust Jerusalems wird als Strafe Gottes interpretiert. Aber Gott lässt sein Volk nicht im Stich. Er wird sich der anderen Völker nicht nur als Strafinstrument bedienen, sondern auch als Heilsmittel. So beruft er den persischen König Kyros zur Rettung und Befreiung Israels aus der babylonischen Gefangenschaft. Mit einem neuen Exodus beginnt eine neue Phase der israelitischen Religion. Im Heilsplan Gottes tritt ein Knecht Gottes auf, der für das Volk stellvertretend leidet (Jes 53). An diese Figur knüpft die christliche Theologie an und deutet sie auf Christus.

In einem dritten Teil (Jes 56–66) wird die Rolle Israels im Verhältnis zu den anderen Völkern bedacht. Gott wird als Gott aller Menschen bekannt und so kommt eine universale Perspektive in das Buch, die über Israel hinaus reicht. Die Erwartung für das Ende der Welt wird so formuliert, dass am Ende eine Völkerwallfahrt nach Jerusalem stattfinden und Gott einen neuen Himmel und eine neue Erde zeigen wird. Gott wird dann alle Menschen trösten, die an ihn glauben. Dann wird ein tiefer Friede auf Erden herrschen.

Praxishinweise: Während Amos, Jesaja und Jeremia klassische Themen der Sekundarstufe sind, werden Grundschulkinder von der Geschichte des Jona fasziniert. Die Jonaerzählung macht für sie deutlich, dass Gottes Vergebung allen Menschen gilt. Anknüpfungspunkt ist, dass es manchmal schwierige Aufgaben zu bewältigen gibt. Zentrale Symbole sind der Fisch oder auch die Stadt. Kreativ kann Jona als Farben- oder Soundgeschichte[77] umgesetzt werden. Als musikalischer Impuls eignet sich das »Jona-Lied« (BiHi S. 86).

Für Sekundarschüler ist ein Zugang zum Phänomen Prophetie und die Gattungen der Prophetenbücher im Blick zu behalten.[78] Als Anfrage für uns heute formuliert Sabrina Settlur Visionen des Jesaja, die so mit Sekundarschülern diskutiert werden können (siehe »Bibel kreativ erkunden«, S. 62).

Elementare Bibeltexte im Neuen Testament

Die Evangelien

Am Anfang des Neuen Testaments stehen die Textsammlungen der Worte und Taten Jesu – die Evangelien. In ihnen sind zwei Ebenen verbunden: Das, was Jesus gesagt und getan hat (Jesus von Nazareth) und das, was die

77 Siehe »Bibel kreativ erkunden«, 64.

78 Siehe hierzu das Arbeitsblatt in »ReliBausteine Bibel«, 83.

ersten Christen, die an ihn glaubten, über ihn sagten (Jesus Christus).[79] Jesus von Nazareth lebte in einer unruhigen Zeit. Die Römer hatten das Land besetzt, vielen Leuten ging es schlecht. Die Menschen erinnerten sich an die Hoffnung von Propheten wie Jesaja, Micha und Sacharia: »Ein neuer König, der Messias (der Gesalbte), wird kommen.« So fragte man sich:

- *Wann endlich wird alles besser?*
- *Auf wen können wir unsere Hoffnung setzen?*

Als die Evangelien verfasst wurden, war bereits eine Generation vergangen. So stellte man sich weitere Fragen:

- *Wer war Jesus? Wie hat er gehandelt und geredet?*
- *Wem wendet er sich zu?*
- *Wie sollen wir uns verhalten?*
- *Worauf dürfen wir hoffen?*

Wer ist Jesus?

Diese Frage wird im Neuen Testament selbst gestellt und behandelt. Die ersten Christen hatten erkannt: Jesus ist der erwartete Messias (griechisch: der Christus). Er ist Gottes Sohn. Deshalb erzählen sie die Lebensgeschichte Jesu in den Evangelien nicht als historischen Bericht, sondern als verkündigende Geschichte. Die Erzählungen wollen also keine Biographie Jesu – im modernen Sinn des Wortes – sein, sondern sollen etwas über Jesus aus der Perspektive des Glaubens aussagen. Auch werden Probleme, die die Gemeinden aktuell zwischen den Jahren 70 und 100 n. Chr. beschäftigen, in das Leben Jesu zurückprojiziert und durch die (fiktive) Autorität Jesu gelöst.

Eine wichtige Frage der ersten Christen war: *Ab wann ist Jesus Gottes Sohn?* Darauf gibt es im Neuen Testament unterschiedliche Antworten:

- In den Paulusbriefen, den ältesten Zeugnissen des Neuen Testamentes (um 55 n. Chr.), erweist sich Jesus durch die **Auferstehung** als Gottes Sohn (Röm 1,4).
- Bei Markus, dem wohl ältesten Evangelium (um 70 n. Chr.), scheint eine ältere Vorstellung aufgenommen, wonach Gott Jesus in der **Taufe** »adoptiert« (Mk 1).
- Bei den jüngeren Evangelien Matthäus und Lukas (um 80 n. Chr.) wird Jesus als Gottes Sohn **geboren** (Mt 1–2; Lk 1–2).
- Bei Johannes (um 90 n. Chr.) ist Jesus von **Beginn der Zeit** Gottes Sohn, denn das »Wort (Jesus) war bei Gott« (Joh 1).

Die ersten Geschichten, die uns in den Evangelien nach Matthäus und Lukas begegnen, die Weihnachtsgeschichten, sind also vor dem Hintergrund dieser Fragestellung zu verstehen.

79 Ein Arbeitsblatt zur Gattung »Evangelium« findet sich in »ReliBausteine Bibel«, 84.

Jesus wird geboren

Beide Weihnachtserzählungen sind Dichtungen, die nicht auf eine historische Faktizität befragt werden sollten. Sie sind kein biographischer Bericht, sondern es geht in ihnen um eine Botschaft, die in Form einer Erzählung das »verdichtet«, was sie verkündigen wollen.

Hier gilt, wie bei vielen anderen Texten: **Nicht nur das ist wahr, was war.** Die Wahrheit des Textes ist vielmehr das, was er zur Sprache bringen will.[80] Sobald dies verstanden und akzeptiert ist, kann der Blick darauf gelenkt werden, was der Text an froher Botschaft zu verkündigen weiß – als Antwort auf die Frage:

- *War Jesus der Retter und Messias (Christus) von Geburt an?*

Obwohl sich die Kindheitsgeschichten im Detail unterscheiden, sind beide von der Form her eine Erzählung. Dies drückt aus, dass das Christentum nicht auf Dogmen, Bekenntnissen oder Glaubensformeln aufbaut, sondern auf Geschichten, die erzählen, wie Gott handelt und sich dem Menschen zeigt. Während Markus und Johannes dies für verzichtbar halten, sagen Matthäus und Lukas bereits zu Beginn ihrer Evangelien deutlich aus, dass bereits der Anfang des irdischen Daseins Jesu etwas Besonderes darstellt. Schon seine Geburt offenbart in ihrer Darstellung, dass Jesus der Messias (»Retter«) ist. Deshalb halten beide fest, dass Jesus in Bethlehem geboren wird – mit Bezug auf Micha 5,1, wonach der Messias aus Bethlehem kommen wird. Beide arrangieren ihre Erzählung so, dass dies zutrifft. Beide verankern durch die jeweiligen (unterschiedlichen) Stammbäume Jesus fest in der Geschichte Israels und erheben somit den Anspruch, dass diese Geschichte in Jesus ihren Höhepunkt findet.

Vom Engel und Maria, der Krippe und den Hirten (Lk 1,1–2,10)

Die Weihnachtsgeschichte nach Lukas gehört zu den bekanntesten Texten der Bibel. Sie bestimmt mit ihren Bildern (Krippe, Hirte) über weite Strecken die Vorstellungswelt an Weihnachten. Theologisch fungiert sie als Schlüssel zum Lukasevangelium. Dies lässt sich am kunstvollen Aufbau und den poetischen Texten ablesen, die Lk 1–2 charakterisieren. Zunächst verschränkt Lukas die Geburtsgeschichte Jesu mit der des Täufers. Beide Geburten werden zunächst angekündigt und dann kommentiert. Vor allem das Loblied der Maria (»Magnifikat«) bildet die theologische Botschaft des Evangeliums ab. Es rückt die Geburt Jesu in das Handeln Gottes hinein. Gott hat bereits in der Geschichte Israels gehandelt und dieses Handeln geht jetzt in Jesus weiter. Entscheidend ist dabei, wie Gott in die Geschichte eingreift. Wie die Gleichnisse, die Jesus in Kapitel 15 – dem Zentrum des Werkes – erzählt,

80 Vgl. dazu ausführlich Paul Metzger / Markus Risch, Bibel auslegen: 1. Die Notwendigkeit der historisch-kritischen Interpretation.

Gott als barmherzigen Vater darstellen, der die Verlorenen sucht, so wird auch das gesamte Handeln Jesu gesehen. Er wendet sich vor allem den Menschen zu, die arm sind, ausgestoßen und geächtet von der Gesellschaft. Hier geht es um sozial niedere Schichten. Gerade aus so einer armen Gesellschaft erwählt sich Gott Maria als Werkzeug seines Handelns. Gott macht sich selbst so klein, dass er in eine Krippe passt.

Was das Magnifikat als bereits geschehen lobt, wird in Lk 2 erzählt. Gott kommt nicht in einem Palast zur Welt und ist doch der wahre König. Diesen Gegensatz symbolisieren die in ärmlichen Verhältnissen stattfindende Geburt und die Anbetung durch die Hirten. Eine schwangere Frau wird von den weltlichen Machthabern gezwungen, auf eine beschwerliche Reise zu gehen, und findet keinen adäquaten Platz, wo sie ihr Kind zur Welt bringen kann. Im Gegensatz zu dem armen Ehepaar Maria und Josef stehen die Kaiser und Statthalter. Lukas ordnet diese Geschichte in die Weltgeschichte ein, um zu zeigen, dass die Geburt Jesu kein ferner Mythos ist, sondern tatsächlich in bekanntem Raum und zu erlebter Zeit stattgefunden hat. Dann betont er den Gegensatz zwischen irdischer und himmlischer Macht. Deshalb spricht er auch nicht von Weisen aus dem Orient, die das Kind suchen, wie Matthäus, sondern lässt Hirten auftreten. Der einzig wahre Hirte der Menschen (vgl. Lk 15: Das Gleichnis vom verlorenen Schaf) wird von Schafhirten erkannt, die kein hohes Ansehen in der Gesellschaft haben. Die Geburtsgeschichte verweist also auf die Sendung Jesu: Der Messias ist gekommen, zu suchen und zu retten, was verloren ist (Lk 19,10). Dies bekommen die Hirten (und die Hörer/Leser des Evangeliums) von Engeln als Boten Gottes mitgeteilt. Die Geburt Jesu ist deshalb eine große Freude, weil damit der Retter (2,11) der Menschen geboren wurde.

Vom Stern, den Weisen und dem neuen König (Mt 1,1–2,12)

Am Anfang des Matthäusevangeliums steht ein Stammbaum Jesu, der bei Abraham beginnt. Wie bei Abraham als Stammvater aller Menschen, so wird das Heil durch Jesus zu allen Menschen gelangen. Gleichzeitig ist er Sohn Davids und erfüllt die Hoffnung des antiken Judentums, wonach der Messias aus dem Stamm Davids kommen soll.

Die eigentliche Geburtsgeschichte führt Josef als Beispiel eines frommen Menschen ein, der dem göttlichen Willen gehorcht und das Kind in seine Linie aufnimmt. Nur so ist Jesus trotz einer Jungfrauengeburt aus dem Stamm Davids. Die Jungfrauengeburt ist als Erfüllung von Jes 7,14 zu verstehen, wobei es hier nicht um eine biologische Tatsache geht, sondern um das Wunder der Geburt Jesu. Der Name Jesu (Jeschua) ist Programm: »Gott mit uns«. Dies verweist auf den Missionsanspruch am Ende des Evangeliums, wo der auferstandene Jesus verheißt, dass er bis ans Ende der Welt mit seinen Anhängern sein werde.

Die Geschichte der Weisen (griechisch: Magioi) und dem Kindermord des Herodes ist ein Beispiel für das Verhalten von Heiden und Juden gegenüber dem Anspruch der christlichen Gemeinde, die Jesus als Messias bekennt. Während die Magier aus dem Osten, die dem neugeborenen Kind huldigen, für die interessierten Heiden stehen, lehnt Herodes als Jude Jesus ab. Dieses Motiv zieht sich durch das ganze Evangelium. Die Legende der Magier dient nicht nur der christologischen Aussage des Textes, sondern sie bieten sich auch den heidenchristlichen Lesern als Identifikationsangebot an. Die Frömmigkeit dieser Heiden wird der Gemeinde als Vorbild vor Augen gestellt. Dass Jesus dem Kindermord des Herodes entkommt, verdeutlicht einen weiteren Akzent des Textes: die Führung Gottes, unter der Jesus steht – wie damals bei Mose. Die Parallele Mose – Jesus ist hier nicht zufällig gewählt, sondern Matthäus zeigt damit, dass – wie damals – Gott in der Lage ist, Großes zu vollbringen. Das Leben Jesu steht damit von Anfang an unter dem Heilsplan Gottes. Wie dieser Heilsplan aussieht, das erzählt das weitere Evangelium.

Praxishinweise: Advent und Weihnachten ist nicht nur das bekannteste Fest (siehe die Allensbachumfrage S. 11), sondern das Thema ist in der Schule jedes Jahr präsent. Allerdings kennen Kinder Weihnachten meist nur als Fest mit Weihnachtsbaum und Geschenken. Schemenhaft bekommen Kinder über Krippendarstellungen die wichtigsten Symbole und Hauptdarsteller/innen des Geschehens zusammen. Doch können auch die meisten Erwachsenen, die behaupten, sie kennten die Weihnachtsgeschichte, nicht die verschiedenen Weihnachtsgeschichten unterscheiden. Wichtig wird daher sein, dass Lernende die Weihnachtsgeschichten nacherzählen und als Zeugnis einer Hoffnung auf den Retter der Welt deuten können. Eine Hilfe hierfür kann die Methode »Textschnipsel« sein (Band »Bibel kreativ erkunden«, S. 19). Mit kleineren Kindern sollte man zumindest die zentralen Symbole unterscheiden: Matthäus: Stern und Geschenke; Lukas: Krippe und Hirte. So könnte man unterschiedliche Weihnachtskrippen nach Lukas und Matthäus aufbauen lassen.

Ein weiteres Symbol ist das Licht, das mit Weihnachten verbunden ist. Ein Thema für die Sekundarstufe wäre die Übernahme des Festtages im dritten Jahrhundert.[81] Als Lieder eignen sich solche im Evangelischen Gesangbuch (EG 1; 17; 24; 30; 43; 44; 46; 48; 54) oder zu Matthäus »Stern über Bethlehem« (KiGeBu S. 73).

Jesus begegnet Menschen

Für die Evangelien begegnet den Menschen in Jesus Gott selbst. Sie erzählen davon, um ihren Hörern/Lesern diese Begegnung auch zu ermöglichen – damit diese die Möglichkeit des Nacherlebens haben. Diese Begegnung verändert. Der Mensch muss sich dazu verhalten. Dabei bleibt er frei, sich für oder gegen Jesus zu entscheiden. Entweder man folgt dem Ruf Jesu (Mk 1,16ff) oder lehnt ihn ab (Mt 8,21; 19,22). Die Evangelien verbinden mit dieser Entscheidung in unterschiedlicher Weise Heil oder Unheil des Menschen. In

81 Siehe hierzu »Die Bibel elementar«, 202f.

jedem Fall trifft der Mensch hier die wichtigste Entscheidung seines Lebens. Im Vordergrund der Geschichten, in denen Jesus mit Menschen zusammentrifft, steht die Aufforderung der Evangelisten, Jesus nachzufolgen, bzw. sich der christlichen Gemeinde anzuschließen. Sie antworten also auf die Fragen:

- *Was muss ich tun, um Jesus nachzufolgen?*
- *Wen spricht Jesus besonders an?*

Zu den Begegnungsgeschichten zählen zunächst die von Jesus, der als Zwölfjähriger im Tempel den Schriftgelehrten begegnet (Lk 2,41–52). Diese Geschichte ist für Kinder heute spannend, da sie hier einem Kind anderswo begegnen. Dabei bietet es sich an, das Thema »Leben von Kindern damals« zu reflektieren und vielleicht einen Tag im Leben eines Kindes zur Zeit Jesu nachzuspielen.[82] Als Lied eignet sich »Jesus lebt in Palästina«.[83]

Jesu Taufe durch Johannes den Täufer (Mk 1,3–11)

Während die Taufe Jesu bei Matthäus und Lukas einen Schlusspunkt unter ihre Kindheitsgeschichte setzt, bildet sie für Markus den Anfang seines Evangeliums. Alle Evangelien sehen Johannes den Täufer als Vorboten und Zeugen Jesu. Selbst wenn in der Überlieferung die Taufe Jesu durch den Täufer abgeschwächt und schließlich im Johannesevangelium ganz unterdrückt wird, so halten alle Evangelisten an der Bedeutung des Täufers als Vorläufer Jesu fest. Dass die Taufe Jesu zunehmend zum Problem wird, liegt in ihrer Sinndeutung durch Markus begründet. Indem er in Mk 1,4 die Taufe als Zeichen der Sündenvergebung kennzeichnet, erwächst der Überlieferung ein Problem. Warum soll sich der sündlose Gottessohn zur Vergebung der Sünden taufen lassen? Die späteren Evangelien werden dieses Problem auf ihre Weise lösen. Bei Matthäus will der Täufer Jesus eigentlich gar nicht taufen (Mt 3,14), bei Lukas verschwindet Jesus förmlich in der Menge derer, die sich taufen lassen (Lk 3,21). Johannes unterdrückt sie vollständig, verweigert dem Täufer sogar diese Bezeichnung und degradiert ihn zum bloßen Zeugen Jesu. Trotzdem kann auch er Johannes nicht gänzlich übergehen. Daran lässt sich erkennen, dass Johannes der Täufer in der Erinnerung des frühen Christentums eine zentrale Stellung einnahm.

Markus sieht in Johannes dem Täufer einen Vorläufer Jesu. Indem er dessen Auftreten durch Jesaja vorhergesagt sieht, kennzeichnet er das Auftreten Jesu als Erfüllung der alttestamentlichen Hoffnung auf das Eingreifen Gottes in die Welt. Was Markus als Jesaja-Zitat einführt, ist allerdings ein Mischzitat aus Mal 3,1; 2. Mose 23,20 und Jes 40,3. Jesaja dürfte für Markus der wichtigste Prophet gewesen sein, weshalb er ihm das Zitat zuschreibt. Inhaltlich will er damit aussagen, dass Johannes Jesus den Weg bereitet wie einst Elia für Gott. Weil Elia nach alttestamentlichem Zeugnis nicht gestorben, sondern

---

82 Beispiel der Umsetzung in: »Jesus begegnen« (ReliBausteine primar), Stuttgart 2011, 16ff.

83 Siehe hierzu: Peter Bubmann / Michael Landgraf, Musik in Schule und Gemeinde, Stuttgart 2006, 247.

in den Himmel aufgefahren ist (2. Kön 2), kann Johannes der Täufer als wiedergekehrter Elia angesehen werden. Weil Elia aber erst in der Endzeit wiederkehren soll, qualifiziert Markus die Zeit des Johannes und damit auch die Zeit Jesu als Endzeit. Das Auftreten Johannes des Täufers erfüllt damit die Hoffnungen Israels und bereitet die Endzeit der Welt vor. Gottes Gericht steht unmittelbar bevor und Jesus ist bevollmächtigter Repräsentant Gottes in dieser besonderen Zeit.

Dieser Aussage entspricht auch die Betonung der Wüste. Die Stimme des Johannes erklingt in der Gegend, die für Israel eine hohe symbolische Bedeutung hat. Als Erinnerung an den Auszug aus Ägypten und die anschließende Wüstenzeit, die als Gründungszeit Israels angesehen wird, ist auch hier die Wüste ein Symbol der Erneuerung Israels. Der Ort der Taufe ist im Hinblick auf die Qualifizierung der Zeit wichtig. Die Hoffnung der Menschen kommt demnach nicht vom Tempel in Jerusalem, sondern aus der Wüste, wo Johannes auf Jesus trifft.

Das Auftreten des Johannes entspricht dem Bild eines alttestamentlichen Propheten und Asketen. Sein Mantel und der Gürtel erinnern an den Propheten Elia. Als Vorbereiter Jesu kommt ihm so die Rolle eines endzeitlichen Propheten zu. Das Zeichen seiner Prophetie besteht in der Taufe als Zeichen der Umkehr. Der Mensch soll von seinem bisherigen Weg umkehren und sich darauf besinnen, was Gott von ihm will. Kehrt er nicht um und bleibt auf seinen gottlosen Wegen, wird er Gottes Zorn im Gericht erfahren. Da das Gericht Gottes als Feuergericht vorgestellt sein dürfte, ist es verständlich, dass mit Wasser getauft werden muss, um Schutz vor dem Feuer zu bieten. Gleichfalls lässt das Wasser an rituelle Waschungen denken. Allerdings ist die Taufe ein einmaliger Vorgang, während das Abwaschen von ritueller Unreinheit immer wieder gemacht werden kann. Während die Taufe hier als Kennzeichen der Umkehr und Reinigung von den Sünden verstanden wird, erfährt sie im Christentum eine andere Deutung. Bei Paulus wird sie so gedeutet, dass der Mensch mit Christus stirbt und durch Christi Auferstehung selbst Anteil am ewigen Leben erhält (Röm 6).

Die Funktion des Täufers wird bei Markus durch Johannes selbst ausgesagt. Indem er Johannes sagen lässt, dass nach ihm ein Stärkerer kommen wird, übernimmt Johannes ganz in die Rolle eines Dieners Jesu. So ist er es nicht einmal wert, einen ganz niedrigen Sklavendienst, also das Lösen der Sandalenriemen, zu verrichten. Mit diesem Bild kennzeichnet er sein Verhältnis zu Jesus und weist auch seiner Taufe eine untergeordnete Bedeutung zu. Die christliche Taufe wird eine Taufe mit Wasser und Geist sein. Diese Taufe steht aber noch aus und kann nur durch den Stärkeren in die Welt gebracht werden.

Praxishinweise: Das Thema Taufe begegnet in der Grundschule mit der Taufe Jesu und dem äthiopischen Kämmerer (siehe Apg 8,26–39), in der Sekundarstufe mit dem Verständnis der Taufe bei Paulus (Röm 6 und 1. Kor 12). Schon Grundschulkinder sollen beschreiben können, dass das Verhältnis von Jesus zu Gott von Anfang an wie das eines Sohnes zu seinem Vater ist. Als zentrales Symbol ist hier Wasser, aber auch die Taube als Zeichen der Gegenwart Gottes zu nennen. Kreative Zugänge bieten sich über das Symbol Wasser an (z. B. Wassermeditation).

Die Berufung der ersten Jünger (Mk 1,16–20)
Mk 1,15 fasst die zentrale Botschaft Jesu zusammen: Er verkündet, dass das Reich Gottes nahe ist. Die Zeit des Wartens ist erfüllt. Deshalb ruft er zur Buße und zum Glauben auf. Für Markus hat mit dem Auftreten Jesu, mit dessen Tod und Auferstehen, das Reich Gottes in dieser Welt begonnen. Deshalb entscheidet sich an der Stellung zu Jesus als dem Repräsentanten Gottes, ob ein Mensch sein Heil findet oder nicht. Weil das Reich Gottes in Jesus bereits angebrochen ist, soll der Mensch keine Zeit mehr verlieren. Dies versinnbildlicht Markus, indem er die Berufung der ersten Jünger so berichtet, dass die Erzählung nach dem Muster einer Propheten- bzw. Schülerberufung aufgebaut ist (1. Kön 19). Allerdings lässt sich im Vergleich mit einer Prophetenberufung erkennen, dass die von Jesus berufenen Menschen ihm direkt nachfolgen. Während Propheten wie Mose (2. Mose 3) oder Jeremia (Jer 1) Einwände gegen ihre Berufung erheben, entfällt dieser typische Erzählzug hier. Die Macht und Autorität Jesu werden damit besonders betont.

Simon (Petrus) und Andreas gehen ihrem alltäglichen Beruf, dem Fischen, nach. Die Botschaft Jesu ist aber nicht alltäglich. Weil in ihm Gott wirkt, hat er die Autorität, einfache Menschen aus ihrem Leben herauszureißen. Petrus und Andreas lassen sich von Jesus ansprechen und erkennen sofort: Der Aufruf Jesu, ihm nachzufolgen, hat eine ungeheure Dringlichkeit und Autorität. Sie gehorchen sofort und folgen ihm und sollen zu »Menschenfischern« werden. Mit diesem Bild verweist der Erzähler auf die Tätigkeit der beiden nach dem Tod Jesu – als Apostel, die die Botschaft von Jesus zu anderen Menschen bringen. Auf der Textebene sind sie die entscheidenden Zeugen, die die Jesusgeschichte weitererzählen und den Glauben an ihn wecken. Dies gilt auch für die Söhne des Zebedäus, Johannes und Jakobus, die im Anschluss berufen werden. Explizit wird betont, dass die Brüder ihren Vater und dessen Tagelöhner verlassen – ein Zeichen für ein wohlhabendes Elternhaus. Die Nachfolge Jesu bedeutet demnach Verzicht auf Annehmlichkeiten und den Bruch mit der Familie. Nachfolge bedeutet also die radikale Aufgabe des bisherigen Lebensweges und die absolute Neuausrichtung der eigenen Existenz auf Gott. Darin liegt für die ersten Hörer des Evangeliums ein Trost. Wenn schon Jesus und die Jünger für ihren Glauben Schwierigkeiten auf sich nehmen mussten, dann muss auch die christliche Gemeinde sich ihren Problemen stellen und ihren Glauben in der Welt bewähren. Anspruch und Trost liegen demnach in diesem Text.

Praxishinweise: Auch wenn der Text in vielen Grundschulplänen vorhanden ist, ist ein radikaler Aufbruch für Kinder schwer nachvollziehbar. Wichtig ist das Bild der »Menschenfischer«, das Kinder entschlüsseln sollten. Als Lied eignet sich »Wollt ihr mit mir gehen?« (BiHi S. 115–117).

Die Kindersegnung (Mk 10,13–16 par)

Dieser im Rahmen der Taufe, der Kinderkirche und der religiösen Früherziehung beliebte Text wird mit der Vorstellung assoziiert, dass Kinder reine Wesen seien, die von Gott besonders geliebt werden. Diese Deutung ist aber fraglich und scheint Kinder zu romantisieren. Wichtig ist hier zu erkennen, dass es sich um eine Lehrszene handelt, die die Frage thematisiert, inwiefern Kinder zur christlichen Gemeinde gehören. Die Position, dass Kinder nicht zur Gemeinde gehören, vertreten in dieser Erzählung die Jünger. Sie wollen nicht, dass Kinder zu Jesus gebracht werden. Jesus steht damit für deren Zugehörigkeit zur Gemeinde, denn er ist deren Mittelpunkt. Indem die Jünger zunächst verhindern, dass Jesus die Kinder segnet, scheint der Glaube an ihn für manchen eine Angelegenheit für Erwachsene zu sein. Jesus reagiert und deklariert die Position der Jünger als falsch. Diese Charakterisierung der Jünger passt zu anderen Szenen, wo sie als eine negative Folie für die Leser Missverständnisse darstellen. Indem betont wird, dass Jesus zornig ist, macht der Text klar, dass die Frage nach den Kindern keine unwichtige ist. Das Verb »hindern« ist im Griechischen ein Begriff, der oft in Verbindung mit Taufgeschichten (Apg 8,36; 10,47; 11,17) verwendet wird. Dies deutet darauf hin, dass Kinder auch zur Taufe zugelassen werden könnten. Wenn Jesus ihnen das Reich Gottes zuspricht, werden sie als Beispiel für alle angesehen, denen dieses offen steht. Das Reich Gottes kann man sich also nicht verdienen, sondern man muss es sich ohne Vorbehalte schenken lassen. Während erwachsene Menschen oft Bedenken haben, sich etwas schenken zu lassen, weil sie darin oft eine Verpflichtung erkennen, haben Kinder diese Bedenken nicht. Sie lassen sich beschenken, ohne dabei einen Hintergedanken zu haben. Deshalb können sie als Beispiel für alle Menschen gelten, denn allen ist das Reich Gottes zugedacht und alle Menschen müssen es sich schenken lassen.

Praxishinweise: Der Text wird vornehmlich in den ersten Jahren der Primarstufe eingesetzt. Für Kinder wird deutlich: Jesus ist ein Menschenfreund, der Freunde um sich schart und Kinder annimmt. Hierbei sollte auch vermittelt werden, dass Kinder damals weniger Wert waren als Erwachsene (siehe S. 18ff). Mit Kindern der ersten Klassenstufe eignet es sich, zu der Geschichte Standbilder zu stellen, die die Abwehr der Jünger und die Annahme der Kinder durch Jesus deutlich machen (Methode in »Bibel kreativ erkunden«, S. 71f). Da Jesus die Kinder segnet, können auch Segensgesten ausprobiert werden. Als Lieder eignen sich »Ja, Gott hat alle Kinder lieb«, »Jesus und die Kinder« (BiHi S. 119) und »Wenn Jesus kommt« (Bihi 121f).

Der Zöllner Zachäus (Lk 19,1–10)

Zielpunkt der Erzählung ist der letzte Vers, der die Aufgabe und Sendung Jesu zusammenfasst: *»Der Menschensohn ist gekommen, zu suchen und zu retten, was verloren ist«* (Lk 19,10). Dies ist auch die Botschaft der Weihnachtsgeschichte und der Gleichnisse in Kapitel 15. Genau wie Jesus einen Blinden zuvor heilt und ihm buchstäblich die Augen öffnet, so erfährt auch

Zachäus durch die Begegnung mit Jesus eine Wende in seinem Leben. Blinder und Zöllner stehen dabei für die Menschen, für die Jesus in erster Linie gekommen ist. Beide sind von der Gesellschaft ausgestoßen. Der Zöllner ist aufgrund seines Berufes diskriminiert. Zachäus wird als reicher Mann vorgestellt. Um in diesem Geschäft erfolgreich sein zu können, braucht man eine harte Hand und zuweilen skrupelloses geschäftliches Benehmen. In der antiken Gesellschaft waren Zöllner deshalb auch eine verachtete Berufsgruppe. Bei Zachäus kommt noch hinzu, dass er als kleiner Mann beschrieben wird. In der Antike deutete man gelegentlich die Größe eines Mannes als Hinweis auf seine »kleine« geistige Verfasstheit oder einen »kleinlichen« Charakter. Zachäus ist also in der Erzählung eine verhasste und lächerliche Figur, für die antike Gesellschaft ein verlorenes Schaf des Hauses Israel (Lk 15,3ff). Dies wird nun von Jesus gesucht.

Zachäus will Jesus sehen und erniedrigt sich dafür. Genauso wie der Vater des verlorenen Sohnes hält er sich nicht an die Konventionen seiner Zeit. Er rennt und steigt auf einen Baum – etwas, das ein Mann in seiner Position nicht machen darf. Der Baum ist eine Sykomore, ein Maulbeerfeigenbaum. Dieser Baum ist leicht auch für einen kleinen Mann zu besteigen, weil seine Äste bereits in geringer Höhe ansetzen. Außerdem hat er sehr dichtes Laubwerk, sodass man praktisch im Baum nicht gesehen werden kann. Dass Jesus ihn trotzdem sofort sieht, verweist auf Jesu göttliche Kraft. Er ruft den Zöllner zu sich herunter und will bei ihm einkehren. Die Zuschauer sind damit nicht einverstanden. Wer sich mit einem Zöllner einlässt, bei ihm zuhause isst, der versündigt sich. Doch Jesus lässt diesen Einwand nicht gelten. Für ihn ist Zachäus heute das Heil Gottes begegnet. Jesus muss bei ihm einkehren, weil Gott auf der Suche nach den sündigen Menschen ist, um sie in seine Gemeinschaft zurückzubringen. Zachäus versteht, dass ihm seine Fehler vergeben werden. Er freut sich und zeigt, dass ihm Gott vergeben hat, indem er die Hälfte seines Vermögens den Armen spenden und alle Menschen, die er betrogen hat, entschädigen will. Dabei geht er weit über das hinaus, was die jüdische Rechtsprechung an Entschädigungen fordert. So wie der Heilswille Gottes gegenüber einem Menschen unbegrenzt ist, so großzügig zeigt sich jetzt auch der Zöllner.

Die Erzählung demonstriert: Jesus als der Menschensohn ist von Gott geschickt worden, um die Menschen zu suchen, die nach menschlichem Maßstab für Gott verloren sind. Deshalb muss sich Jesus Sündern wie dem Zöllner zuwenden. Gott will also das Heil aller Menschen. Damit erfüllt Gott die alttestamentliche Hoffnung, wonach er als der gute Hirte Israels »das Verlorene suchen und das Verirrte zurückbringen« (Hes 34,16) will.

Praxishinweise: Die Zachäusgeschichte wird bereits in den ersten Klassenstufen eingesetzt, hat aber ihren Ort auch in der Sekundarstufe. Die Geschichte soll zeigen: Wenn Jesus Menschen begegnet, ändert sich deren Leben. Angefeindete und Ausgestoßene spüren: für Gott sind sie etwas Besonderes. Erzählt werden kann die Geschichte als Rückenerzählung (»Bibel kreativ erkunden«, S. 36). Hierzu eignet sich ein Rollenspiel mit offenen Rollenspielkarten, das als Foto-Story mit eigenen Texten festgehalten werden kann (siehe »Bibel kreativ erkunden«, S. 76f). Ein Vorschlag für ein selbst gemachtes Lied mit bekannter Melodie ist »Zachäus war ein Zöllner« (siehe »Bibel kreativ erkunden«, S. 68). Als Lieder eignen sich »Wir laden den Zachäus ein« (BiHi S. 123) und »Der Zachäus ist ein Zöllner« mit einer Spielidee (BiHi S. 124f).

Jesus lehrt: Die Bergpredigt

Die Bergpredigt ist eine Sammlung zentraler Texte, in denen die Botschaft und Ethik Jesu vermittelt werden. Das Vaterunser, die Goldene Regel, die Bildworte der Bergpredigt, die Seligpreisungen und Jesu Rede von der Sorge haben eine große Wirkung auf die christliche Tradition. Um die Bergpredigt zu verstehen, muss man sie im Kontext des Matthäusevangeliums lesen. Sie antwortet auf die Fragen:

- *Wer war Jesus?*
- *Wie sollen sich die Nachfolger Jesu verhalten?*

Das Evangelium stellt Jesus als einen vorbildlichen Lehrer dar und legitimiert das Christentum vor allem durch seine ethische Haltung. Die Bergpredigt fungiert darin als eine Art Grundsatzprogramm Jesu. Sie will keine zeitlose Grundregel christlichen Verhaltens formulieren, sondern das Leben der christlichen Gemeinde, wie sie Matthäus sieht, regulieren. Deshalb stellt er aus verschiedenen Überlieferungsstücken eine Rede Jesu zusammen, die als Maßstab des christlichen Tuns gelten soll. Weil es bei Matthäus im Endgericht (Mt 25) wichtig ist, was der einzelne Mensch getan hat, gilt die Bergpredigt als Orientierung für richtiges Verhalten und als Regel, wie der Christ sein Heil erlangen kann. Wie in der Kindheitsgeschichte schlägt Matthäus mit dem Hinweis auf den Berg die Brücke zu Mose. Jesus darf das Alte Testament auslegen, weil er der Lehrer mit einer besonderen Vollmacht ist. Deshalb darf er die Tora interpretieren, in den Antithesen auch verschärfen und die alttestamentliche Überlieferung überprüfen. Weil Jesus Gottes Sohn ist, darf er den ursprünglichen Willen Gottes freilegen. In der Bergpredigt wird also der Wille Gottes von Jesus formuliert.

Am Anfang stehen mit den **Seligpreisungen** einzelne Sätze, die zunächst die Seligkeit verschiedener Gruppen in Aussicht stellen. Diejenigen, die zerknirscht, niedergeschlagen, freundlich und traurig sind, die nach der Gerechtigkeit Gottes suchen und um ihretwillen verfolgt werden, die sich ihren Mitmenschen mit Einfühlungsvermögen nähern, die ihnen verzeihen und selbst guten Gewissens sind, diesen Menschen wird das Heil versprochen. Allerdings verbindet Matthäus mit diesem Zuspruch auch immer den Anspruch, sich diesem Heil würdig zu erweisen. Der Mensch kann sich sein Heil nicht selbst verdienen, sondern erhält dies als Zuwendung Gottes. Aber das empfangene Heil muss bei Matthäus bewahrt werden. Dies zeigen sowohl die jeweiligen Nachsätze der Seligpreisungen als auch die Bildworte vom Salz und vom Licht. Immer geht es darum, sich der Liebe Gottes würdig zu erweisen, besonders wenn Matthäus fordert, dass der Christ eine bessere Gerechtigkeit (Mt 5,20) als die der Pharisäer aufweisen muss. Er muss geradezu vollkommen sein (Mt 5,48). Wo in der parallelen Überlieferung Lukas fordert, barmherzig zu sein (Lk 6,36), besteht Matthäus darauf, dass die Gnade Gottes in der besseren Gerechtigkeit sichtbar zum Ausdruck kommt. Wie das geht, zeigen die Antithesen (Mt 5,21–48) der Bergpredigt, die immer eine Gesetzesvorschrift zitieren und kommentieren. Als Maßstab der besseren Gerechtigkeit gilt die Liebe Gottes. Das Liebesgebot des Alten Testaments (3. Mose 19) wird von Matthäus auf die Feindesliebe ausgedehnt. Bei Matthäus gründet das Gebot in der Liebe Gottes, der sich über die Menschen erbarmt hat, als sie ihm noch feindlich gegenüberstanden (Röm 5,10). Deshalb setzt Matthäus die Liebe Gottes in das Zentrum der Bergpredigt und folgert seine ethischen Forderungen von daher.

Die Forderungen der Bergpredigt werden immer wieder durchbrochen. So steht keine Forderung in der Mitte des Textes, sondern das **Vaterunser**. Hier dürfte Matthäus im Kern wirkliche Jesusworte überliefern. Die Anrede mit »Abba« und der Ausblick auf das Kommen Gottes zeigen das besondere Gottesverhältnis Jesu, das dieser all seinen Anhängern zusprach. Gott wird darin als Vater angeredet, der zugleich der Schöpfer der Welt ist. Seine Fürsorge gilt den Menschen. Er soll sich in dieser Welt zu erkennen geben und seine Geschöpfe umsorgen. Indem Matthäus dieses Gebet in die Mitte stellt, verweist er darauf, woher ein Christ seine Kraft bezieht. Die bessere Gerechtigkeit, die er tun soll, kann er nur leben, wenn er von Gott die Kraft dazu geschenkt bekommt. Das Leben, das der Christ führen soll, ist nur zu schaffen, wenn Gott den Weg des Lebens mitgeht.

Als Fazit steht deshalb am Ende der Bergpredigt die **Goldene Regel**. Hier verdichtet Matthäus als Merksatz, worum es in seiner Ethik geht. Das, was die Liebe Gottes am Menschen getan hat, soll der Mensch wiederum an allen Menschen tun. Die Beziehung zwischen Gott und Mensch ist also keine Beziehung in Zweisamkeit, sondern dehnt sich auf alle Menschen aus. Was ein Christ von Gott erfahren hat, das soll er weitergeben und vor allem weiter vorleben.

Im Kontext des Matthäusevangeliums bietet die Bergpredigt Orientierungshilfe für die bessere Gerechtigkeit, um sich der Gnade Gottes als würdig zu zeigen. Für die Gegenwart ist die Bergpredigt ein Beispiel, wie sich ein Christ idealerweise in der Welt verhalten soll. Dass man daran unweigerlich scheitern muss, zeigt, dass Gottes Liebe immer größer ist als menschliches Können und dass der Mensch immer nur von dieser Beziehung her leben kann.

Praxishinweise: Worte der Bergpredigt können in allen Klassenstufen eingesetzt werden. Mithilfe zentraler Aussagen der Bergpredigt und des Vaterunsers können sie Jesu Lehre auf den Punkt bringen. In der Sekundarstufe geht es zunächst einmal darum, einen Überblick über diese Worte zu bekommen.[84]

---

84 Hierzu die Arbeitsblätter zur Bergpredigt in »ReliBausteine Bibel«, 64 und 65.

Methodisch eignen sich Standpunktdiskussionen zu strittigen Fragen der Bergpredigt (siehe »Bibel kreativ erkunden«, S. 39). Eindrücklich ist die Arbeit mit dem Vaterunser in Gebärdensprache.[85] Gerade die Botschaft der Bergpredigt, die gegen manche Konventionen ausgesprochen wird, kann als Zeitungsbericht in einer Bibel- oder Bergpredigt-Zeitung umgesetzt werden (siehe »Bibel kreativ erkunden«, S. 47). Als Lieder eignen sich »Hört wen Jesus glücklich preist« (KiGeBu S. 92; BiHi S. 133) oder »Vater unser im Himmel« (KiGeBu S. 322).

Jesus wirkt Wunder

Wundergeschichten erzählen etwas Außergewöhnliches. Sie werden nicht erzählt, um historische Berichte zu liefern, sondern um etwas anzuzeigen. Ihr Verweischarakter ist ein erstes Merkmal einer neutestamentlichen Wundergeschichte. Sie ist als ein Zeichen für die göttliche Dimension zu verstehen. Dies war in der Antike geläufig. Die Fragen, auf die die Wundergeschichten Antwort geben, sind:

- *Wer steht hinter dem Wunder?*
- *Was bewirkt ein Wunder?*
- *Worauf verweist ein Wunder?*

Eine Wundergeschichte ist an sich deutungsoffen und bedarf einer vorhergehenden Überzeugung. Erst der, der glaubt, dass durch Jesus Gott handelt, kann die Wundergeschichten Jesu letztlich Gottes Wirken zuschreiben. Wundergeschichten haben daher eine bestimmte Funktion und werden in der Regel zur Erbauung der eigenen Gemeinde erzählt oder im Rahmen der Missionspredigt, um den Glauben an Gott bzw. Jesus zu verbreiten.

Für das Verstehen einer Wundergeschichte ist dies immer zu beachten. Der Wundertäter (Jesus; Apostel) handelt im Neuen Testament nicht für sich selbst, um seine eigene Macht darstellen oder um berühmt zu werden. Er handelt in der Macht Gottes zu dessen Ruhm und Ehre. Bis auf die Verfluchung des Feigenbaums in Mk 11,13f haben deshalb alle Wundergeschichten positive Auswirkungen. Krankheiten, Behinderungen oder Notlagen werden überwunden. Daher sind sie Hoffnungsgeschichten. Sie erzählen davon, dass Gott auch dort etwas bewirken kann, wo menschliche Möglichkeiten an ein Ende kommen. Die Erzählung einer Wundergeschichte lässt die zuhörenden Menschen also neue Hoffnung schöpfen. Somit gewinnt die Wundergeschichte eine existentielle Bedeutung. Dazu zählt auch die Überwindung der Folgen von Krankheit. Aussätzig, gelähmt und blind zu sein bedeutet, von der Gesellschaft ausgestoßen zu sein. Durch die Heilungen finden Menschen wieder zurück in die Gemeinschaft. Dazu

85 In Peter Bubmann / Michael Landgraf, Musik in Schule und Gemeinde, Stuttgart 2006, 234–238.

kommt die tiefere Bedeutung von »Sehen« oder »Sich-wieder-bewegen-können«.

Weiter dient die Wundergeschichte dazu, den Wundertäter auszuweisen. Er ist mit göttlicher Macht begabt und kann so an Gottes Stelle handeln. Nur weil Gott mit ihm ist, gelingen seine Zeichen. Ein Wunder illustriert damit das Wesen des Wundertäters. Es geht demnach nicht um das Wunder selbst, sondern um den, der es tut. Ein Wunder legitimiert den Wundertäter und zeigt, dass der Anspruch, den der Wundertäter erhebt, zu Recht besteht. Das Wunder dient damit wieder der Person des Wundertäters. Gottes Allmacht wird in einer solchen Geschichte letztlich bekannt.

Speziell im Blick auf die Wunder Jesu und seiner Apostel ist ein weiterer Aspekt zu beachten. Die Wundertaten scheinen hier eine sinnfällige Vorwegnahme der anbrechenden Gottesherrschaft darzustellen. An Wundern kann man ablesen, was Gottes Herrschaft für die Welt und die Menschen Gutes bedeutet. Indem Jesus einzelnen Menschen zu essen gibt, indem er sie von Krankheiten und Behinderung befreit, veranschaulicht er, was Gott allen Menschen zugedacht hat. Nicht das Wunder an sich steht im Vordergrund, sondern sein Ergebnis. In der Begegnung mit Jesus erfahren die Menschen, was Gottes Plan für seine Schöpfung ist: Heilung und Befreiung.

Die Heilung des Gelähmten (Mk 2,1–12)

Die Heilung des Gelähmten besteht aus zwei Geschichten. Es handelt sich um eine Wundergeschichte, die den Aufhänger für ein Streitgespräch zwischen Jesus und Schriftgelehrten bildet. Diese wird nicht erzählt, um eine Heilung zu dokumentieren. Da nähere Details zu dem Gelähmten, seinen Gefährten, seiner Krankheit und seiner Heilung nicht erzählt werden, liegt der Fokus auf seiner Hauptfigur. Jesus wird als derjenige ausgewiesen, der die Vergebung der Sünden zusagen darf und verweist durch die passivische Formulierung auf Gott. Für den Erzähler steht fest: Jesu Zuspruch der Sündenvergebung nimmt alle Sünde hinweg. Die Wundergeschichte demonstriert dies durch den sichtbaren Erfolg der Sündenvergebung. Der Erzähler drückt die Macht Jesu also nicht nur dadurch aus, dass er ein besonderes Charisma in der Lehre hat, sondern dass sich seine Macht auch darauf erstreckt, Kranke zu heilen. Damit wird Jesus selbst als Gott erwiesen, da in biblischer Tradition Gott der wahre Arzt des Menschen ist: »Ich bin der Herr, dein Arzt!« (2. Mose 15,26). Die Wundergeschichte ist christologisch: Jesus handelt in der Vollmacht Gottes. In Jesus begegnet dem Menschen Gott selbst. Die Reaktion der Menge am Ende der Erzählung unterstreicht diese Aussage. Schließlich wird hier nicht Jesus gepriesen, sondern Gott. Dass die Menge außer sich gerät, ist eine typische Reaktion auf die Begegnung mit dem Heiligen. Die letzte direkte Rede der Geschichte, die der Menge in den Mund gelegt wird, verdeutlicht die Einzigartigkeit Jesu. Kein anderer kann so lehren und solche Taten tun. Er ist nicht wie die anderen Wunderheiler und Prediger, die die Leser kennen. Dies behauptet er darüber hinaus nicht selbst, sondern es wird von denjenigen behauptet, die ihn – im Gegensatz zu den Lesern – persönlich erlebt haben. Die Menge verbürgt damit für die Leser die christologische Pointe der Wundergeschichte.

Betrachtet man die Jesus-Figur näher, dann fällt auf, dass der Erzähler angibt, warum Jesus den Gelähmten heilt. Dies betont den Glauben der Hilfesuchenden. Jesus wendet sich dem Gelähmten zu, weil er dessen Glauben erkennt. Offensichtlich soll so betont werden, dass der Glaube für die Heilung des Gelähmten entscheidend ist. Er ist die Voraussetzung für die Heilung des Gelähmten. Damit hat die Wundergeschichte eine zweite Pointe. Diese ist für Leser relevant, da sie Jesus nicht persönlich erlebt haben dürften. Im Glauben haben die Leser Anteil an Jesu heilender Präsenz. Der Autor will also seinen Lesern nahe bringen, dass sie keinen Nachteil dadurch haben, dass sie Jesus nicht persönlich gekannt haben. Vielmehr will er Ihnen vermitteln, dass sie durch den Glauben den entscheidenden Zugang zu Jesus finden können. Denn »alles ist möglich, dem der glaubt« (Mk 9,23).

Der Glaube kann aber nicht tatenlos bleiben. So gibt es im Text implizite Handlungsanweisungen, indem er auf Jesu liebende Zuwendung gegenüber Schwachen verweist. So wie der Gelähmte im Glauben Heilung findet, so findet auch die Gemeinde im Glauben Heilung. So wie seine Gefährten alle Schwierigkeiten überwinden, um zu Jesus zu kommen, so soll auch die Gemeinde alles dafür tun, sich Jesus im Glauben zuzuwenden. So wie Jesus sich den Schwachen zuwendet, so soll es auch die Gemeinde tun. So wie er ein humanes Reich vorlebt, so soll es die Gemeinde zumindest in sich verwirklichen. Damit erhebt der Text einen Appell an seine Leser und will sie dazu bringen, den Glauben zu leben.

Die Bedeutung des Textes wird durch das Streitgespräch erweitert. Das in die Wundergeschichte eingeschobene Streitgespräch dreht sich um die theologische Frage der Sündenvergebung. Aus damaliger Sicht zu Recht argumentieren die Schriftgelehrten, dass nur Gott Sünden vergeben darf. Hier zeigt die Wundergeschichte, dass Jesus an Gottes Stelle steht und in seinem Namen und seiner Autorität handelt. So zielt diese Einfügung darauf ab, Jesus als Gott vorzustellen. Das Wunder dient jetzt dazu, die Vollmacht des Menschensohns zu beglaubigen. Indem der Erzähler Jesus die provozierende Frage stellen lässt, was leichter sei, Sündenvergebung oder Heilung, zeigt er seinen Lesern, dass Jesus beides kann. Da lediglich die Heilung zu beweisen ist, dient diese zur Demonstration der Göttlichkeit Jesu. Diese Aussageabsicht unterstreicht der Erzähler mit verschiedenen Akzenten. Indem der Erzähler von Jesu Geist erzählt, vermittelt er seinen Lesern, dass hier Gottes Macht am Werk ist.

Vor allem der Begriff »Menschensohn« transportiert eine weitere Nuance der Erzählung, denn damit will der Erzähler die Göttlichkeit Jesu erweisen, aber auch zeigen, dass mit Jesu Auftreten ein neues Zeitalter angebrochen ist. Der Erzähler schafft damit für seine Leser einen Gegenpol zu der Welt, in der sie leben.

Als Fazit lässt sich sagen: Durch die Einfügung des Streitgesprächs verliert die Wundertat an Bedeutung. Weder wann noch wer geheilt wurde, interessiert den Text. Die Wundergeschichte sagt allerdings etwas über den Wundertäter und dessen Gemeinde aus. Es geht um die Macht des Herrn, seine Barmherzigkeit und seine Zuwendung zu den Schwachen. Durch das Streitgespräch steht die Verbindung von christologischer und theologischer Aussage im Mittelpunkt: Jesus ist der Christus. Er repräsentiert Gott für den Menschen. Das ist eine zentrale Aussage des Textes. Die Begegnung mit Jesus als Gott geschieht im Glauben und sie erfolgt innerhalb der christlichen Gemeinschaft, die einen Gegenpol zur Umwelt darstellt. Für das tägliche Leben der Gemeinde sind dieser Glaube an Christus und seine Gemeinschaft die wesentlichen Aspekte der Erzählung.

Praxishinweise: Die Geschichte umfasst viele Aspekte, sodass sie nicht einfach als Heilungsgeschichte in der Primarstufe eingesetzt werden kann, auch wenn sie in vielen Plänen steht. Bis Klassenstufe 6 steht dabei die Erfahrung von Begrenztheit im Vordergrund. Bei Geschichten wie diesen bietet sich als Gesprächsimpuls an, dass Menschen »sich wundern«,[86] und dass der »Glaube Berge versetzen kann«. Die eigentliche Verbindung von Wunder und Sündenvergebung kann allerdings erst in der Sekundarstufe behandelt werden. Dabei ist wichtig, die Erzählung vor dem Hintergrund der Reich-Gottes-Vorstellung zu sehen, wo körperliche und geistige Gebrechen keine Rolle mehr spielen. Als Lied eignet sich daher in besonderer Weise »Zeichen und Wunder sahen wir geschehen«.

Jesus stillt den Sturm (Mk 4,35–41)
Anklänge an den Propheten Jona und dessen Schicksal auf dem Meer durchziehen diesen Text. Während Jona von den Seeleuten in das stürmische Meer geworfen wird, gebietet Jesus hier über den See und bringt das Wasser und den Wind zur Ruhe. Weil er dadurch seine Jünger rettet, kann die Erzählung als »Rettungswunder« angesehen werden. Die Szene spielt auf dem See Genezareth, wo es zu schweren Winden kommen kann. Für den Leser ist interessant, dass die Jünger seltsam reagieren. Eigentlich sollten sie durch die Gleichnisrede von Jesu wahrem Wesen wissen (Mk 4,33f), doch scheint dies nicht der Fall zu sein. Sie sitzen zwar sprichwörtlich mit Jesus zusammen in einem Boot, aber sie erkennen ihn nicht. Die Jünger bieten für den Leser die Option, sich mit ihnen zu identifizieren. Der Leser wird in die Angst und die Fragen der Jünger mit aufgenommen.

In der Dunkelheit, die für den antiken Menschen eine unheimliche Zeit ist, in der Dämonen und böse Chaosmächte zu erwarten sind, bricht auf dem See ein Sturm los. Obwohl die ehemaligen Fischer unter den Jüngern den See kennen, hilft ihnen ihre Erfahrung nichts. Die Schwere des Sturms wird mehrfach betont und damit klargestellt, dass hier keine menschliche Kraft mehr etwas ausrichten kann und die Jünger in akuter Lebensgefahr sind. Diese Steigerung der Bedrohung bildet den dunklen Hintergrund, vor dem der

86 Siehe hierzu Michael Landgraf, Kinderlesebibel, Göttingen 2011, wo am Ende jeder Wundergeschichte die Reaktion der Umherstehenden auf diese Weise benannt wird.

Wundertäter umso strahlender hervortreten kann. Das Wasser läuft bereits ins Boot. Angesichts dieser dramatischen Lage ist erstaunlich, dass Jesus immer noch schläft. Dies zeigt, dass die Geschichte keinen realen Bericht geben will, sondern sie überzeichnet die Situation, um ihr Anliegen deutlich zu machen. Jesus zeigt mit dem Schlaf, dass er sich von Gott behütet weiß. Dieses Wissen sollten die Jünger auch haben. Allerdings haben sie es nicht und wecken ihn und machen ihm den Vorwurf, dass er sie im Stich lassen würde. Überträgt man diesen Gedanken in die Welt der ersten Hörer der Geschichte, dann nimmt diese Geschichte die Ängste der damaligen Menschen auf. Hat Jesus sie vielleicht zu ihrer Zeit verlassen? Jesus aber lässt sich nicht auf den Vorwurf der Jünger ein. Wie einen Dämon fährt Jesus das Wasser an und sofort legt sich der Sturm. Eine große Stille tritt ein. Für die Jünger ist dies ein Rätsel. Für den Leser wird klar: Jesus handelt an der Stelle Gottes, denn nur Gott ist der Herrscher über die Elemente (Ps 18,16; 65,8; u.ö.). Dies ist eine Pointe der Geschichte. Eine weitere liegt in dem Vorwurf, den Jesus seinerseits seinen Jüngern macht. Warum hatten sie Angst? Fehlt es ihnen an Glauben? Diese Fragen sind an die hörende Gemeinde gerichtet, die im Glauben vielleicht nicht das richtige Vertrauen entwickelt. Glauben ist für Markus demnach, dass der Mensch sich voll und ganz auf Jesus verlässt, gerade wenn er in Not ist. Die Jünger, die sich verängstigt fragen, wer Jesus ist, sind für die Hörerschaft ein negatives Vorbild. Die Gemeinde soll im Gegensatz zu den Jüngern keine Angst haben. Gleichzeitig liegt aber auch ein Trost in diesem Jüngerbild, denn wenn schon die Jünger als Augenzeugen nicht immer den rechten Glauben aufbringen konnten, dann ist es auch für die Gemeinde verzeihlich, dass sie damit Probleme hat. Der Text ruft aber in erster Linie dazu auf, gerade in Zeiten der Not vollkommen auf Jesus und seinen Beistand zu vertrauen.

Die Episode endet mit der offen gelassenen Frage der Jünger. Sie können die Frage noch nicht beantworten, weil die Sendung Jesu noch nicht zu Ende ist. Die Hörer des Evangeliums aber wissen bereits seit Mk 1,1, dass Jesus der Sohn Gottes ist. Von daher können sie die Frage beantworten, die der Text offen lässt. Ein Bekenntnis zu Jesus wird damit provoziert.

Praxishinweise: Diese Wundergeschichte wird bereits früh in der Primarstufe eingesetzt, eignet sich aber auch noch in der Sekundarstufe. Als Erzählhilfe können hierbei gut Legefiguren verwendet werden – besonders wenn man mit Kerzen arbeitet, die deutlich machen, wenn einem ein »Licht aufgeht« (siehe die Umsetzung in »Bibel kreativ erkunden«, S. 30). Zentral ist das Symbol Schiff/ Boot, das für eine Gemeinde steht. Mit älteren Kindern kann daher das Lied »Ein Schiff, das sich Gemeinde nennt« (EG 609) oder mit Grundschulkinder das Lied: »Die Stillung des Seesturms« (BiHi S. 148) gesungen werden.

Die Speisung der Fünftausend (Mk 6,30–44)

In dieser Erzählung schenkt Jesus seinen Zuhörern etwas zu essen. Deshalb lässt sich die Geschichte als »Geschenkwunder« bezeichnen. Sie überbietet mit ihrer Zahlenangabe (5000 Mann und ihre Angehörigen werden satt) alle

Vorbilder im Alten Testament. Hier ist an die Speisung in der Wüste durch das himmlische Manna zu denken (2. Mose 16; 4. Mose 11) oder an die Elisa-Geschichte, in der Elisa während einer Hungersnot einem Dorf hilft (2. Kön 4). Die Erzählung bei Markus überbietet dieses Prophetenwunder und zeigt, dass Jesus ungleich höher steht als Elisa.

Für Markus ist wichtig, dass Jesus das Wunder praktisch tun muss. Er stellt die Fürsorge Jesu um seine Nachfolger deutlich in den Vordergrund. Da ihm die Menge nachfolgt, ohne dass er es will, kommt sie in die heikle Lage, an einem einsamen Ort kein Essen zu finden. Die Jünger, die hier als Identifikationsangebot für die Hörer/Leser dienen, weisen Jesus darauf hin. Für Markus ist es wichtig, dass Jesus keine Wunder vollbringt, um berühmt zu werden oder seine Göttlichkeit zu beweisen. Die Wunder sind der eigentlichen Sendung Jesu untergeordnet. Jesus ist gekommen, um das Evangelium zu predigen. Dies tut er auch in dieser Erzählung (V. 34). Nur weil er sich dieser Lehre so intensiv widmet, kommt die Menge in eine Notlage. Das Wunder illustriert demnach die Fürsorge Gottes. Jesus erbarmt sich (V. 34) – ein für Gott typisches Verhalten gegenüber dem Menschen. Aufgrund seiner unerklärlichen Liebe zu seinen Geschöpfen verhält sich Gott wie ein liebender Vater zu seinem Kind. Indem Markus den Vergleich mit dem Hirten und der Herde zieht, verweist er auf bekannte Motive der jüdischen Tradition (Ps 23; Gott ordnet in 4. Mose 27,17 an, dass Gottes Volk einen Hirten wie Mose bzw. Josua braucht). Jesus ist der gute Hirte (vgl. Joh 10,14), der Gott auf Erden repräsentiert und seinem Volk Orientierung in der Lehre und Nahrung als Symbol der körperlichen Bedürfnisse gibt. Brot und Fisch stehen demnach für die grundlegenden Nahrungsmittel der Gemeinde. Diese werden von Jesus so reichlich ausgeteilt, dass alle Menschen satt werden. Jesus stellt die göttliche Ordnung des Volkes her, indem er die Menge in Gruppen einteilt und sie so lagern lässt, wie das Gottesvolk in der Wüste gelagert hat (2. Mose 18,21). Diese konkrete Ordnung symbolisiert die Wiederherstellung Israels durch Jesus. Er repräsentiert den jüdischen Hausvater, indem er das Essen mit den rituellen Handlungen des frommen Juden verbindet und erweist sich damit als der Hirte Israels. Wenn betont wird, dass 12 Körbe voll Essen übrig bleiben, erinnert dies an die zwölf Stämme Israels. Dies zeigt ebenfalls an, dass Jesus das wahre Israel wiederherstellt. Das Volk Gottes wird von Jesus neu gesammelt.

Die Erzählung macht sich keine Vorstellung, wie die Menge satt wird oder wie die Vermehrung konkret funktioniert. Das zeigt, dass sie nicht am Wunder an sich interessiert ist. Das Wunder dient in erster Linie der Vergewisserung Jesu: Jesus steht für Gott und handelt in seiner Vollmacht. Deshalb kann er seine Anhänger satt machen und neue Orientierung geben. Zweitens zeigt sich, dass Gottes Fürsorge nicht allein auf geistige Dinge beschränkt ist. Auch die menschlichen Bedürfnisse werden von Gott ausreichend gestillt. Für die ersten Leser/Hörer ergibt sich daraus ein Vertrauen auf Gott in allen Lebenslagen. Der Glaube an Gott beinhaltet, dass er sich um materielle Bedürfnisse genauso kümmert wie um seelische Belange. Ein umfassendes Gottes- und Menschenbild zeigt diese Geschichte.

Praxishinweise: Die Geschichte wird sowohl in der Primar- wie auch in der Sekundarstufe behandelt. Im Zentrum steht die Frage nach der Mehrdimensionalität des Hungers – körperlich und geistig. Neben dem sozialen Aspekt, der mit dem Themenspektrum »Eine Welt« verknüpft werden kann, geht es um das Verständnis, dass es auch geistigen Hunger gibt. Hier geht es aber darum, das Wunder vor dem Hintergrund der Vision des Reiches Gottes verständlich zu machen: In seiner Welt will Gott weder Krankheit noch Hunger. Als Lied bietet sich, neben »Zeichen und Wunder haben wir gesehen« auch »Fünf Brote und zwei Fische« an (KiGeBu S. 85, BiHi S. 142).

Der blinde Bartimäus (Mk 10,46–52)
Bevor Jesus in Jerusalem einzieht, vollbringt er ein letztes Heilungswunder. Es ist kein Zufall, dass es sich hierbei um die Heilung eines Blinden handelt. Der blinde Mann wird von Markus ausdrücklich vorgestellt: Bartimäus, der Sohn des Timäus. Vielleicht konnte die markinische Gemeinde mit diesem Namen noch eine Erinnerung verbinden. Jedenfalls dienen der Blinde und seine Krankheit als Symbol. Bartimäus ruft nach Jesus, als er bemerkt, dass dieser auf der Straße nach Jerusalem unterwegs ist. Jesus geht dahin, wo er durch Kreuz und Auferstehung sein wirkliches Wesen für alle Menschen sichtbar offenbaren wird. Um dieses aber zu erkennen, muss man an ihn glauben. Der Glaube spielt also eine wesentliche Rolle, nicht nur in dieser Geschichte, sondern im ganzen Evangelium. Bartimäus bekundet diesen Glauben, indem er von Jesus Hilfe erwartet. Er lässt sich auch nicht von der Menge um Jesus abweisen, die ihn anfährt, damit er still ist. Der Glaube überwindet wie in Mk 2,1–12 menschliche Hindernisse. Dass Bartimäus Jesus ruft, zeigt sein Vertrauen in den Mann aus Nazareth. Dass Jesus mit »Sohn Davids« angesprochen wird, verweist auf den Messias aus dem Stamm Davids. In der folgenden Passionsgeschichte wird das Verhältnis zwischen David und Jesus thematisiert (12,35ff). Bei Markus wird deutlich, dass Jesus nicht der Messiaserwartung entspricht, die traditionell an der Davidssohnschaft hing (2. Sam 7,12ff; PsSal 17,21). Jesus ist kein politischer Herrscher, der Israel von der Besatzung durch Rom befreit. Er gleicht eher dem Gottesknecht aus Jes 42,7, der auch gekommen ist, um Blinde zu heilen. Genau dies tut Jesus hier. Es ist also kein Zufall, dass Jesus gerade an diesem Punkt der Erzählung ein solches Wunder vollbringt. Markus kennzeichnet damit, dass es ein Wunder ist, wenn Jesus als Messias erkannt wird. Das Wunder von Kreuz und Auferstehung wird als Heilung eines blinden Volkes verstanden. Der Mensch muss von Gott her die Augen geöffnet bekommen, damit er versteht, dass und wie Jesus der Messias ist und daran glaubt. Bartimäus steht für ein erzähltes theologisches Programm. Er ist den Hörern/Lesern des Evangeliums ein Vorbild im Glauben und fordert sie implizit dazu auf, genauso hartnäckig an Jesus festzuhalten wie er.

Dass sich dies lohnt, zeigt der weitere Verlauf der Geschichte. Nachdem Bartimäus sich Gehör verschafft hat, ruft Jesus ihn zu sich. Die Heilung wird wieder nicht ausgeführt, sondern lediglich festgestellt. Was Bartimäus gerettet hat (und was auch die Gemeinde rettet), ist der Glaube. Dies sagt der Text ausdrücklich (V. 52). Der Glaube aber führt direkt in die Nachfolge hinein, die Jesus bis ans Kreuz und darüber hinaus begleiten wird. Das Gewicht der Erzählung liegt also zum einen auf der Identität Jesu als dem Sohn Davids, des rechtmäßigen Messias, und zum anderen auf dem Glauben des Bartimäus, der der Gemeinde des Markus als Vorbild vorgestellt wird.

Praxishinweise: Bartimäus ist in den meisten Lehrplänen die erste Wundergeschichte Jesu, der Kinder begegnen. Kinder haben dabei oft noch einen unkritischen oder sogar magischen Zugang zu Wundergeschichten. Hierbei kommt es darauf an, früh schon die tiefere Bedeutung des Erzählens von Wundergeschichten deutlich zu machen. Wichtig ist, dass Kinder und Jugendliche Heilungsgeschichten nicht auf die Überwindung körperlicher Versehrtheit reduzieren.

Ein kreativer Zugang in frühen Klassenstufen wäre, mit Farben den Übergang der Lebenssituation darzustellen (siehe »Bibel kreativ erkunden«, S. 54). Auch kann das Gesicht des verzweifelten und des nun sehenden Bartimäus gestalterisch umgesetzt werden (als Orientierung können die Bilder von Kees de Kort zur Bartimäuserzählung dienen). Als Lied eignet sich »Blind bin ich gewesen« (KLGT S. 97).

Jesus erzählt Gleichnisse

Gleichnisse sind das wesentliche Mittel von Jesu Verkündigung und die Redeform, an die sich die christliche Überlieferung primär erinnert (Mk 4,33f). Dabei interessierte die ersten Christen kaum, welche Gleichnisse von Jesus stammen und ob ein genauer Wortlaut rekonstruiert werden konnte. Im Mittelpunkt steht, welche Botschaft sie transportieren, wie sie den Leser in sich hineinziehen und so einen Denk- und Kommunikationsprozess in Gang setzen. Gleichnisse sind deshalb für die christliche Verkündigung eine elementare Form, weil sie in Bildern reden, die verständlich sind, aber auch auf eine Deutung zielen. Sie gehen auf Fragen ein wie:

- *Was ist von Gottes neuer Welt zu erwarten?*
- *Wann kommt Gottes neue Welt?*

In einer Umwelt, der diese Redeform als Vergleichsvorgang geläufig ist, dienen Gleichnisse dazu, die Verkündigung Jesu zu verdichten. Sie illustrieren, verdeutlichen und dienen der Argumentation. Sie reden letztlich in der einzig angemessenen Weise von Gott. Da Gott die menschliche Sprache in jeder Hinsicht übersteigt, kann der Mensch grundsätzlich nur in Annährung von Gott sprechen. Dies tun die Gleichnisse, indem sie Gott und Welt auf einer sprachlichen Ebene zusammenbringen, die nicht definitorisch festgelegt, sondern offen für die persönliche Aneignung ist. Das Gleichnis vergleicht Gott mit der Welt und nähert sich ihm so an (Lk 13,18). Allerdings bleibt es nicht dabei stehen. Indem Gleichnisse Gott und Welt vergleichen, erschließen sie Gott für die Welt. Sie offenbaren als Sprachereignis das Geheimnis Gottes, ohne es definitiv festlegen zu wollen. Im Prozess der Gleichnisdeutung erschließt sich eine neue Wirklichkeit, in der Menschen zum Glauben kommen können. Darin steckt das ungeheure Potential der Gleichnisse.

Ihre eigentliche Funktion entfalten Gleichnisse in einem Dialog. Mit Hilfe eines Gleichnisses wird ein komplexer Sachverhalt veranschaulicht und illustriert. So geht es z. B. bei der Erzählung vom Barmherzigen Samariter (Lk 10) nicht in erster Linie um eine ethische Anweisung, sondern um die grundsätzliche Frage: Wer ist mein Nächster im Kontext des Doppelgebotes der Liebe? Häufig sind Gleichnisse eingebettet in **Streitgespräche.** Allerdings geht es hierbei nicht um einen »richtigen« Streit, sondern um Diskussionen über das richtige Verständnis der Heiligen Schrift, ihrer Gebote und über das, was Gott für die Welt möchte – über das Reich Gottes.

Praxishinweise: Derzeit wird kontrovers diskutiert, ob Gleichnisse erst von Jugendlichen verstanden werden können oder ob Kinder bereits früh einen unmittelbaren Zugang zu ihnen haben (siehe S. 24). Unbestritten ist, dass Bildworte bzw. Gleichnisse wie das vom verlorenen Schaf oder Geschichten wie der Barmherzige Samariter das Denken in Gleichnissen vorbereiten. Gerade die Vorstellung von Gottes Gerechtigkeit erfordert jedoch ein Verständnis dafür, dass Gott in manchem anders denkt als wir Menschen. So sollten Kinder aus dem eigenen Erfahrungsbereich die Bildhaftigkeit von Sprache erläutern und ansatzweise deuten können, dass Gleichnisse von einer anderen Welt berichten. Sie können in Alltagssituationen erkennen, wo Nächstenliebe gefragt ist und zeigen, dass Gottes Gerechtigkeit geprägt ist von Annahme und Großzügigkeit. Ein Lied, das in der Primarstufe die Behandlung von Bildworten und Gleichnissen begleiten kann, ist »Wir sind die Kleinen« (KiGeBu S. 132f).

Vom Senfkorn (Mk 4,30–32)

Wie kann man als Mensch vom Reich Gottes reden? Das Gleichnis vergleicht es mit einem Senfkorn, das ohne menschliches Zutun unaufhaltsam wächst und so groß wird, dass die Welt darin Platz findet. Das Gleichnis zeigt im Aufbau eine rasche Abfolge. Zunächst ist da ein Senfkorn als Vergleichspunkt. Das Senfkorn ist sehr klein, aber es wächst sehr schnell, benötigt keine Pflege und lässt sich kaum noch ausrotten. Bald ist die Pflanze so groß, dass die Antike von einem Baum reden kann. In der jüdischen Tradition kann ein Senfkorn die kleinste bekannte Mengeneinheit darstellen. Es ist daher ein überraschendes und wirkungsvolles Bild und demnach geeignet, das unaufhörliche Wachsen des Gottesreiches zu illustrieren. Das Reich Gottes hängt nicht von menschlicher Mitarbeit ab. Das menschliche Tun kann es auch nicht verhindern. Dies betont das Gleichnis, indem es offen lässt, ob ein Mensch das Senfkorn aussät oder nicht. Der Gegensatz von kleinem Korn und großem Baum fällt sofort ins Auge. Darin liegt die Zuversicht, dass auch aus einem kleinen Anfang eine große Sache werden kann. Zweitens kann der Wachstumsvorgang in den Blick genommen werden. Hier geht es um eine unaufhaltsame Dynamik des Gottesreiches, die vom Menschen weder befördert noch aufgehalten werden kann. Letztlich zeigt dies die Souveränität Gottes an. Drittens – und hier scheint die eigentliche Pointe des Gleichnisses zu liegen – geht es um den Ausblick des Gleichnisses. Das Reich Gottes ist ein Baum, in dem die Geschöpfe Gottes Zuflucht finden. Es geht dann um das Schicksal der christlichen Gemeinde, die wohlbehütet unter dem Schutz Gottes steht. Die Tiere unter dem Schatten des Baumes symbolisieren Menschen, die sich Gottes Führung anvertrauen und daran festhalten, dass mit dem Auftreten Jesu das Senfkorn gesät wurde. Das Reich Gottes ist damit nicht mehr aufzuhalten.

Praxishinweise: Das Gleichnis kann in der Primar- wie Sekundarstufe eingesetzt werden, da es auf einfache Weise den Kontrast zwischen der Welt heute und dem Gottesreich aufzeigt. Als Zugang eignet sich eine Kornmeditation oder ein Tanzspiel, wie dies Siegfried Macht für das Lied »Korn, das in die Erde« (EG 98) vorschlägt (KLGT S. 39). Differenzierter kann man mit dem Gleichnis arbeiten, wenn man reflektiert, was den Schutz ausmacht, den der große Baum bietet – als Bild für das Reich Gottes.

Der barmherzige Samariter (Lk 10,25–37)

Das Gleichnis ist eine Parabel als erzählerische Antwort auf die Frage des Gesetzeslehrers aus Lk 11,25: »Was muss ich tun?« Jesus verweist auf das Doppelgebot der Liebe. Darauf antwortet der Schriftgelehrte mit einer weiteren Frage: »Wer ist mein Nächster?« Diese Frage veranlasst Jesus zu einer Erzählung, die denjenigen zum Nächsten bestimmt, der durch sein Mitleid zum Nächsten wird (11,36). Damit sagt sie aus, dass man durch Mitleid zum Nächsten werden kann.

Im Mittelpunkt der Parabel steht ein konkreter Fall. Ein Mensch ist von Räubern halbtot geschlagen und ausgeraubt worden. Drei Männer gehen an ihm vorüber. Zwei Männer zählen zum Kultpersonal des Jerusalemer Tempels. Ihnen ist aus Gründen der liturgischen Reinheit verboten, mit Toten in Kontakt zu kommen. Wenn sie sich an ihre rituellen Vorschriften halten wollen, können sie also nicht riskieren, dem Verletzten zu Hilfe zu kommen. Offensichtlich baut Lukas hier einen Kontrast auf. Der dritte Mann ist für jüdisches Empfinden ein Ausländer und Ungläubiger. Dass er dem Opfer hilft, ist eine aufregende Wendung der Geschichte. Während Priester und Tempeldiener (Levit) ohne Angabe von Gründen weitergehen, betont Lukas, dass der Samariter Mitleid mit dem Opfer hat. Diese innere Verbindung zu dem Verletzten ist der Grund, warum er ihm hilft. Betrachtet man den Kontext, in dem diese Parabel geschildert wird, liegt es nahe, eine Pointe des Textes im Kontrast zwischen zwei Pflichten zu sehen. Für Lukas scheint dabei klar, dass die Erfüllung ritueller Plichten hinter dem im Kontext zitierten Liebesgebot zurücktreten muss. Die Abwertung ritueller Vorschriften und eine Aufwertung ethischer Pflichten werden betont, doch rückt die Frage Jesu (Lk 11,36) das Mitleid des Samariters in den Vordergrund. Eine weitere Sinnebene der Parabel liegt also darin, dass der Mensch sich selbst von der Not anderer Menschen berühren lassen soll und so aufgerufen ist, zum Nächsten zu werden. Dass gerade ein verhasster Ausländer dieses Mitleid empfindet, ist für jüdische Ohren ein Schock. Dies zeigt, dass das Hilfshandeln universal sein muss. Nicht Herkunft oder Klassenzugehörigkeit entscheidet darüber, ob man jemanden helfen soll, sondern das Helfen ist immer und überall geboten, weil man selbst durch sein Mitleiden jedem Menschen zum Nächsten werden kann. Eine weitere Ebene liegt in der breiten Nachgeschichte der Parabel, in der ein Wirt beauftragt wird, für den Verletzten zu sorgen. Ein Wirt steht im jüdischen Kontext als solcher schlecht dar. Sein Gewerbe ist nicht gesellschaftsfähig. Dass gerade er als zweite positive Figur in der Erzählung auftaucht, verweist darauf, dass es durchaus Grenzen der Aufopferungsbereitschaft gibt. Indem der Samariter die Hilfe für Geld delegiert, zeigt er, dass die geschäftsmäßige Hilfe durchaus akzeptiert ist. Die Nächstenliebe ist demnach nicht unbegrenzt gefordert, sondern nur im Rahmen der eigenen Möglichkeiten. Die Parabel ruft also nicht dazu, sich selbst vollkommen in den Dienst der Nächstenliebe zu stellen und sich dabei aufzuopfern. Ihr geht es um verantwortliche Hilfe, die von mehreren Menschen geleistet werden muss. Der barmherzige Samariter verdeutlicht demnach, dass jeder Mensch dem anderen zum Nächsten werden kann und in den Grenzen seiner Möglichkeiten helfen soll.

Praxishinweise: Die Geschichte ist ein Klassiker des Unterrichts in der Primar- und Sekundarstufe. Häufig wird dabei in der frühen Grundschulzeit der Fehler gemacht, dass die Rahmenerzählung weggelassen wird. Dadurch verliert die Beispielerzählung aber ihren Sinn. Dieser liegt in der Antwort auf die Frage nach dem größten Gebot und dabei besonders auf die Frage: Wer ist mein Nächster? Dabei muss das größte Gebot reflektiert und vielleicht im Zusammenhang mit den Zehn Geboten besprochen werden. Zur Vertiefung eignen sich klassische Rollenspiele, die in vielfacher Weise bereits aktualisiert oder auch als Musikspiel interpretiert wurden.[87] Liedklassiker sind »Zwischen Jericho und Jerusalem« (EG 658, Anhang EG) oder »Auf dem Weg nach Jericho« (BiHi S. 156).

Vom verlorenen Schaf (Lk 15,1–7)

Das 15. Kapitel des Lukasevangeliums beinhaltet drei Gleichnisse vom Verlorenen. Lukas illustriert mit diesen kurzen Erzählungen, dass die Sendung Jesu für ihn hauptsächlich darin besteht, Menschen zu Gott zurückzubringen, die ihren Weg verloren haben. Deutlich spricht dies Lk 19,10 aus, wo in der Zachäusgeschichte Jesus explizit seine Aufgabe beschreibt: *»Der Menschensohn ist gekommen, zu suchen und zu retten, was verloren ist.«* Diese Perspektive wird in den drei Gleichnissen erzählerisch dargestellt.

Die Einleitung der Gleichnisse macht deutlich, dass diese der Verteidigung Jesu dienen. Ihm wird vorgeworfen, sich mit Sündern abzugeben und mit

---

87 Siehe hierzu Peter Bubmann / Michael Landgraf, Musik in Schule und Gemeinde, Stuttgart 2006, 257–258.

ihnen sogar zu essen, obwohl dies für Juden streng verboten ist. Die Gleichnisse illustrieren damit das Verständnis Jesu, wie Lukas es entwickelt.

Die Erzählung selbst ist aus der Welt des antiken Hirten genommen. Ein Ereignis aus dem Alltag wird geschildert. Beim Umherziehen mit der Schafherde geht ein Schaf verloren. Ein Hirte geht los und sucht es. Der Kontrast zwischen den 99 Schafen, die nicht verlorengehen, und dem einen Schaf bricht auf. Obwohl das Schaf im Vergleich zur Herde keinen großen Wert besitzt, darf das Gleichnis nicht so ausgelegt werden, als ob der Hirte verantwortungslos handelt. Es zielt vielmehr auf die übergroße Sorge des Hirten um sein Schaf. Überträgt man diese Züge auf die in der Bibel zu findenden Bilder vom Hirten, dann ist deutlich, dass Gott und Christus hier der gute Hirte sind. Im Alten Testament finden sich viele Stellen, die Gott als den Hirten der Herde Israel zeigen (Jer 31,10; Hes 34,11–13; Ps 23 u. a.). Indem Jesus seinen Gegnern dieses Gleichnis erzählt, weist er ihnen Rollen darin zu. Die Pharisäer stehen für die 99 Schafe, die sich nicht verlaufen haben. Insofern werden sie positiv bewertet. Was sie auf der Erzählebene aber nicht verstehen, ist die Aufgabe Jesu – dass er gekommen ist, um die Verlorenen wieder in das richtige Verhältnis zu Gott zu bringen (Lk 19,10). Was der Hirte also tut, lässt sich auf die Sendung Jesu übertragen. Der Verlust des Sünders wiegt aus der Sicht Gottes so viel, dass er einen schickt, der die Sünder wieder nach Hause bringen soll. Ein Zeichen dieser Sendung ist, dass Jesus mit »Zöllnern und Sündern« gemeinsam isst. Dies werfen ihm die Pharisäer also zu Unrecht vor (Lk 5,29–32). Gott freut sich zwar über die 99 Schafe, die bei ihm geblieben sind, aber er freut sich noch mehr, wenn ein Mensch, der für ihn verloren war, wieder zurückkommt. Ganz deutlich wird dies beim Gleichnis vom verlorenen Sohn.

Beim Schaf-Gleichnis lässt sich als weitere Deutungsebene eine appellative Perspektive erkennen. Die Hörer/Leser werden aufgefordert, nicht wie die Pharisäer auf das Verhalten des Hirten zu blicken. Sie sollen vielmehr die Freude Gottes teilen. Wenn Gott schon so fürsorglich ist und jedem Menschen nachgeht, dann soll auch die Gemeinde sich nicht abschotten, sondern sich selbst um alle Verlorenen kümmern. Die Aufforderung Jesu, seine Freude mit ihm zu teilen, ist deshalb der Höhepunkt der Erzählung.

Praxishinweise: Das verlorene Schaf ist in den meisten Lehrplänen das erste Gleichnis, dem Kinder in der Primarstufe begegnen. Dies liegt an der einfachen und zentralen Botschaft, dass Gott sich um jeden kümmert, aber auch am Sympathietier Schaf. Eine Möglichkeit der kreativen Erzählweise ist, die Geschichte perspektivisch zu erzählen (siehe »Bibel kreativ erkunden«, S. 28) und als Symbol ein Schaf für Gottes Zuwendung einzuführen. Mit Sekundarschülern kann ein Vergleich der Gleichnisse vom verlorenen Schaf und verlorenen Sohn erfolgen, um mehr über die Aussageabsicht und die Gattung der Gleichnisse in Erfahrung zu bringen.[88]

---

88 Siehe hierzu das Arbeitsblatt in »ReliBausteine Bibel«, 85.

Vom verlorenen Sohn (Lk 15,11–32)
Die Erzählung vom verlorenen Sohn konzentriert sich auf drei Personen, einen Vater und seine zwei Söhne. Bereits durch diese Figurenkonstellation kann der Hörer/Leser erwarten, dass die Brüder gegensätzliche Positionen verkörpern. Die ungleichen Brüder stellen verschiedene Lebensoptionen dar. Wer das Evangelium kennt, der wird durch die Figur des Vaters an Lk 6,36 erinnert: »Seid nun barmherzig, wie auch euer Vater barmherzig ist.« Bedenkt man weiterhin den Zusammenhang der drei Gleichnisse in Lk 15, so fällt auf, dass am Ende der beiden vorhergehenden Gleichnisse jeweils ein Aufruf zur Freude steht. Im Himmel, bei den Engeln Gottes, wird Freude herrschen über einen Menschen, der umkehrt und seinen Weg mit Gott wiederfindet. Die Erwartung, die an die Geschichte von Vater und Sohn geknüpft ist, läuft demnach in die gleiche Richtung.

Hier ist es jetzt ein Sohn, der verlorengeht. Zunächst wird dessen Schicksal in den Blick genommen. Er verlangt sein Erbe, um seinen eigenen Weg zu gehen. Dies ist weder Unrecht noch gegen die Norm. In der Antike ist dies manchmal der einzige Weg, wie der älteste Sohn den vom Vater ererbten Landbesitz fortführen kann. Dass der jüngere Sohn sein Erbe allerdings nicht einsetzt, um sich ein eigenes Auskommen zu sichern, stellt die unerhörte Wendung der Erzählung dar. Ausdrücklich sagt Lk 15,13, dass er sein Erbe durch einen schlechten Lebensstil verschleudert und sich bald einer Notlage aussetzt. Er wird so erniedrigt, dass er seine ganze Religion verrät, indem er sich als Schweinehirt von einem Heiden anstellen lässt. Dass er dabei sogar versucht ist, das Schweinefutter zu essen, es aber nicht bekommen kann, stellt sowohl den Höhepunkt seines Niedergangs dar als auch den Wendepunkt der Geschichte. Laut jüdischer Überzeugung bedeutet das Essen von den Schoten des Johannesbaumes einen Akt der Buße (LevR 35). Der Sohn begreift, dass er nicht richtig leben kann, wenn er sich von seiner Familie und seiner Religion abwendet und kehrt um. Zu Hause erwartet er nicht als Sohn wiederaufgenommen zu werden, sondern lediglich als Tagelöhner. Der Blick der Erzählung richtet sich nun auf den Vater und dessen Reaktion. Entgegen allen Gepflogenheiten eines jüdischen Mannes rennt der Vater dem Sohn entgegen. So verdeutlicht die Erzählung, dass die Freude des Vaters so groß ist, dass er sich nicht um Erwartungen an seinen Stand kümmert. Die Freude ist das zentrale Motiv der Parabel. Indem er seinen Sohn küsst, versöhnt er sich mit ihm. Das Kleid symbolisiert seine Wiederannahme als Sohn, der Ring verleiht dem Sohn die Autorität des Vaters und die Schuhe zeigen seine Stellung als freien Mann an. Der Vater demonstriert also mit vielen Gesten seine Freude über die Rückkehr.

Negativ hingegen verhält sich der ältere Sohn. Er dient den Lesern als Identifikationsfigur. Das gewöhnliche Rechtsempfinden des Menschen, wonach jeder das bekommt, was ihm zusteht, wird in dieser Figur verkörpert. Der ältere Sohn beschwert sich über die in seinen Augen ungleiche Behandlung durch den Vater. Die Pointe des Gleichnisses tritt so deutlicher hervor. Es geht nicht um eine gleiche Behandlung, sondern um die Freude des Vaters über die Rückkehr. Vergebung steht damit im Vordergrund. Diese Vergebung definiert Gerechtigkeit neu. Überträgt man nämlich die Dreieckskonstellation der Erzählung auf Gott sowie Zöllner und Sünder auf der einen und Pharisäer und Schriftgelehrte auf der anderen Seite, dann erscheint der Vater als ein barmherziger Gott, der seine Söhne, Sünder oder Pharisäer zur Freude aufruft. Wenn Sünder umkehren, dann ist dies ein Anlass zur Freude. Wenn aber Gerechte dann auf ihre eigene Gerechtigkeit bestehen und die Freude nicht teilen wollen, dann schließen sie sich selbst aus. Sie verweigern sich der Freude Gottes und verkennen, dass die Gemeinschaft mit Gott der eigentliche Grund der Freude, also des Heils der Menschen ist. Die Zuwendung Jesu zu den Sündern, die Suche des Gottessohnes nach den verlorenen Menschen wird von ihnen verkannt. Das Gleichnis stellt dabei die Erwählung Israels nicht in Frage, sondern dringt darauf, dass auch Heiden und Sünder daran teilhaben können. Es appelliert an Juden, sich nicht aus dieser Gemeinschaft selbst auszuschließen. Die göttliche Gerechtigkeit ist demnach größer als menschliches Rechtsempfinden. Sie orientiert sich nicht am unparteiischen Richter, sondern am verzeihenden Vater. Das Gleichnis ist demnach die Illustration der Sendung Jesu. Es zeichnet ein barmherziges Bild von Gott, der den Menschen nachgeht und immer wieder bereit ist, sie als Sohn aufzunehmen, ohne dabei nach ihrer Vergangenheit zu fragen.

Praxishinweise: Das Gleichnis setzt an einer Szene des Aufbruchs aus dem Elternhaus an, die für Grundschulkinder kaum in ihrer Lebenssituation nachvollzogen werden kann. Dennoch eignet sich seine Behandlung in Zusammenhang mit dem Thema »Reformation« – hier wird Luthers Entdeckung eines liebenden statt richtenden Gottes deutlich.[89] Wichtig ist zunächst, dass das Gleichnis einen eigenen Namen bekommt, denn der »Verlorene Sohn« qualifiziert den Sohn gleich ab. Hilfreich ist der Zugang, dass Kinder selbst Überschriften finden (siehe »Bibel kreativ erkunden«, S. 22). Umgesetzt werden kann die Erzählung kreativ als Legeszene (siehe »Bibel kreativ erkunden«, S. 32) oder mit Jugendlichen in der Sekundarstufe als Erzählen mit Verkehrszeichen oder mit Fußsohlen (siehe »Bibel kreativ erkunden«, S. 34–37). Auch eignet sich hier ein Rollenspiel mit offenen Karten (siehe »Bibel kreativ erkunden«, S. 75f) sowie als Textspaziergang wie beim Gleichnis von den »Arbeitern im Weinberg«, das wie dieses Gottes Gerechtigkeit thematisiert (Mt 20; siehe »Bibel kreativ erkunden«, S. 40f).

Jesus leidet und stirbt: Passion und Ostern

Mit der Erzählung vom Leiden, Sterben und Auferstehen Jesu werden die zentralen Ereignisse des christlichen Glaubens gedeutet. Sie antworten auf die Fragen:

- *Wie kam es, dass Jesus sterben musste?*
- *Welche Bedeutung haben Leiden und Tod Jesu?*

---

89 Siehe hierzu Michael Landgraf, Reformation (ReliBausteine), Stuttgart 2006, 45.

Das historische Geschehen wird verdichtet zur zentralen Erzählung der christlichen Theologie. Deshalb ist es auf der einen Seite schwierig, die historischen Ereignisse zu rekonstruieren, und auf der anderen Seite wichtig, die einzelnen Erzählzüge auf ihre Glaubensaussage hin zu befragen. Jedes der Evangelien steckt voller theologischer Akzente und transportiert Einsichten der Zeit nach der Auferstehung Jesu in die Erzählung hinein.

Bei Markus umfasst die Passion die erzählte Zeit von einer Woche. An einem Sonntag zieht Jesus in Jerusalem ein. Am Montag »reinigt« er den Tempel, am Dienstag führt er verschiedene Streitgespräche mit diversen Gegnern. Am Mittwoch wird sein Tod beschlossen, am Donnerstag feiert er sein letztes Essen mit seinen Jüngern. Am Freitag wird er gekreuzigt. Am Samstag passiert nichts: Dies ist der Tag der Grabesruhe. Am Sonntag gehen die Frauen um Jesus zum Grab und finden es leer. Dies ist der Tag der Auferstehung. Erst von diesem Tag der Auferstehung her erhält die ganze Woche Bedeutung. Wäre Jesus nicht tatsächlich auferstanden, so wäre die Jesusbewegung mit der Kreuzigung an ihr definitives Ende gekommen. Dies sagt Paulus ausdrücklich in seinem ersten Brief an die Korinther: *»Ist aber Christus nicht auferweckt worden, dann ist unsere Verkündigung leer und euer Glaube sinnlos«* (1. Kor 15,14). Ohne die Auferstehung Jesu gäbe es kein Christentum.

Jesu Einzug in Jerusalem (Mk 11,1–11)

Der Einzug Jesu in Jerusalem bildet den Auftakt für die wichtigste Woche des Christentums. Jesus und seine Jünger sind nach Jerusalem gewandert, um dort die Passahwoche zu feiern, und haben sich eine Wohnung in Betanien, kurz vor Jerusalem gelegen, gesucht. Von dort wandern sie in die Stadt. Am ersten Tag allerdings beauftragt Jesus seine Jünger, für ihn als Reittier ein Eselfohlen zu besorgen. Er will nach Jerusalem reiten, während seine Jünger zu Fuß hinter ihm her ziehen. Dies muss als Symbolhandlung gesehen werden. Jesus demonstriert durch sein Wissen um das Eselsfüllen sein göttliches Sein. Markus zeigt dadurch, dass Jesus dem Plan Gottes folgt, der seine Schritte lenkt. Auch das Tier ist kein Zufall. Die Darstellung folgt der Überzeugung, dass der wahre König Israels auf einem Eselsfohlen in Jerusalem einziehen wird (Sach 9,9). Dabei ist das Tier aber auch ein Hoheitszeichen eines demütigen Königs, wie Mt 21,5 in vollständiger Aufnahme von Sach 9,9 ergänzt. Die Königssymbolik ist damit deutlich in den Text eingetragen. Diese setzt sich fort, wenn die Menge Jesus beim Zug nach Jerusalem mit Ovationen empfängt. Laut 2. Kön 9,13 legt man dem neuen König seine Kleider zu Füßen und bekennt so seinen Status als Untertan. Diese Beobachtung korrespondiert mit dem Zitat aus Ps 118, den die Menge dabei ruft. In diesem ursprünglichen Hilferuf schwingt eine Huldigung des Königs mit (vgl. 2. Sam 14,4). Jesus wird durch die Erzählung als König dargestellt, der in Jerusalem einzieht – in die Stadt also, von der das endzeitliche Heil Gottes ausgehen soll (Sach 14). Für Markus und seine Leser ist allerdings klar, dass die Menge Jesus mit ihrer Huldigung falsch einschätzt – ähnlich wie Petrus in Mk 8,33. Die Menge sieht Jesus als den Befreier Israels von der römischen Besatzung. Das ist für sie der Inhalt der Königserwartung. Dieses Missverständnis drückt sich auch in der Emmausgeschichte aus, wo die beiden Jünger nach dem Tod Jesu sagen, dass sie auf die Befreiung Israels gehofft hatten (Lk 24,21). Diese Hoffnung enttäuscht Jesus. Wie Jesus wirklich ist, wird durch die Erzählung bestimmt. Er ist tatsächlich der König Israels, weil er Gottes Sohn ist. Aber nicht so, wie die Menschen das erwarten. Die weitere Erzählung zeigt dann, welches Verständnis richtig ist.

Die Tempelreinigung (Mk 11,15–19)
Eine prophetische Zeichenhandlung (»Reinigung«) und eine Kritik am Tempel (»Weissagung«, Mk 13,2) werden wohl historisch die eigentlichen Gründe gewesen sein, warum sich jüdische Tempelaristokratie und römische Besatzungsmacht genötigt sahen, Jesus zu eliminieren. Indem Jesus im Tempelbezirk, dem religiösen und wirtschaftlichen Zentrum Israels, Unruhe stiftet, erscheint er Rom als Aufrührer gefährlich. Dementsprechend wird er mit der Strafe für politischen Aufruhr belegt: der Kreuzigung.

Auf der Ebene des Markusevangeliums symbolisiert die Tempelreinigung das Bemühen Jesu um das Haus seines Vaters. Indem Jesus sagt, dass das Haus seines Vaters keine Räuberhöhle sein soll, sondern ein Bethaus für alle Völker, verdeutlicht Markus sein Anliegen. Es geht um den unbeschränkten Zugang zum Heil für alle Menschen. Insofern steht die Reinigung des Tempels in direktem Zusammenhang mit der Kultkritik des Markus. Er lässt Jesus dagegen vorgehen, dass das Religiöse durch das Geschäftshandeln profanisiert wird. Geldwechsler und Viehhändler waren im Opferbetrieb des Tempels wichtig, um Wallfahrern das Opfer zu erleichtern. Juden aus der Diaspora konnten ihr »ausländisches« Geld wechseln, um sich Opfertiere kaufen zu können. Diese Tiere wurden von Viehhändlern angeboten, damit die Reisenden nicht ihre Tiere von Zuhause mitbringen mussten. Indem Jesus diese legitime Praxis unterbinden will, signalisiert Markus, dass der Opferkult für seine Zeit an sein Ende gekommen ist. Mit der Jesusgeschichte hat sich etwas verändert. Der Opferkult ist durch Jesu Schicksal abgelöst. Matthäus kommentiert diese Ablösung vom Opferkult mit dem alttestamentlichen Zitat: *»Ich habe Wohlgefallen an Barmherzigkeit und nicht am Opfer.«* (Hos 6,6; Mt 9,13; 12,7) Der Tempel wird also durch Jesus abgelöst.

Die Passion
Wichtige Einzeltexte im Rahmen der Passionsgeschichte sind der Bericht vom letzten Mahl, das Jesus mit seinen Jüngern einnahm, die Schilderung Jesu im Garten Gethsemane (Mk 14) und letztlich die Verurteilung und Kreuzigung (Mk 15). Den Höhepunkt stellt das Bekenntnis des römischen Zenturios in Mk 15,39 dar. Erst im Angesicht des toten Jesus kommt ein Fremder zu der Erkenntnis, dass dieser der Sohn Gottes war. Indem er durch seine Wortwahl (»war«) allerdings zu erkennen gibt, dass die Geschichte mit Jesus nun an ihr Ende gekommen ist, weiß der Hörer/Leser des Evangeliums, dass dies nicht das Ende ist. Jesus war nicht nur zu Lebzeiten Gottes Sohn, sondern

bleibt es auch im Tod. Das ist die überragende Pointe der Passionsgeschichte. Jesus enttäuscht die traditionellen Erwartungen an den Messias und definiert neu, wie er Gottes Sohn ist – nämlich als derjenige, der am Kreuz gestorben ist. Das, was die Auferweckung Jesu gezeigt hat, wird in die Erzählung rückprojiziert.

Dies beginnt bereits am Anfang in Mk 14. Die Hohepriester und die Schriftgelehrten beschließen, Jesus zu töten. Dieser weiß das und lässt sich in Betanien im Vorgriff auf seine Bestattung salben. In Mk 14,9 verweist Jesus selbst auf seinen Tod. Was von hieran folgt, hat der markinische Jesus gewusst. In diesem Rahmen bekommt die Erzählung vom letzten Mahl besonderes Gewicht. Als Kultätiologie erzählt, ist dieses Essen ein Abschied Jesu von seinen Jüngern. Das Abendmahl wird zum Vermächtnis Jesu. Deshalb deutet er die Elemente Brot und Wein auf seine Lebenshingabe am Kreuz. Jesus ist dazu bereit, sich selbst für seine Freunde zu opfern. Dabei nimmt er auf sich, dass sich die Schlinge um ihn zuzieht und er immer einsamer wird. Judas verrät ihn an seine Gegner und er weiß auch, dass Petrus ihn später verleugnen wird.

Nachdem das Mahl beendet ist, nimmt Jesus nur den engsten Jüngerkreis in den Garten Gethsemane mit. Dort versagen die Jünger, weil sie nicht mit ihm wach bleiben können, sondern einschlafen. Die Einsamkeit um Jesus nimmt zu. Hier zeigt er sich als wahrer Mensch, indem er seinen Vater darum bittet, sein Schicksal zu wenden. Allerdings bleibt er dabei absolut souverän, wenn er sich letztlich ganz dem Willen Gottes beugt (Mk 14,36). Hier beschreibt Markus, dass Jesus als echter Mensch Angst hat, aber als wahrer Gott auch weiß, dass er diesen Weg gehen muss.

Es folgt die Verhaftung. Die Jünger fliehen und Jesus wird zum Verhör vor den Hohen Rat gebracht. Das Leiden und die Einsamkeit nehmen weiter zu. Das Verhör legt offen, wer Jesus wirklich ist. In Mk 14,61f fragt der Hohepriester, ob Jesus der Sohn Gottes sei und Jesus stimmt dem zu. Daraufhin wird er wegen Gotteslästerung verurteilt und an Pilatus ausgeliefert. Unterdessen verrät ihn Petrus aus Angst vor Verfolgung. Die Erzählung zeigt, dass die Jünger hier völlig versagen. So wie sie Jesus bereits im ganzen Evangelium nicht richtig verstanden haben, so spielen sie auch hier eine schlechte Rolle. Für Markus ist deutlich, dass es nicht auf menschliche Qualitäten ankommt. Allein dem Plan Gottes folgt das Geschehen.

Jesus wird an Pilatus verraten. Das Leiden Jesu geht weiter. Pilatus verurteilt ihn, weil er glaubt, dass Jesus ihm die Herrschaft streitig machen will. Markus spielt hier mit dem Titel »König der Juden«. Der Hörer/Leser weiß, dass Pilatus Jesus missversteht. Er ist tatsächlich »König der Juden«. Aber nur deshalb, weil er der Messias ist. Und als Messias ist sein Königreich gerade nicht von dieser Welt (Joh 18,36). Auf der Erzählebene bleibt dies unklar. Noch ist den Menschen nicht aufgegangen, wie Jesus der Messias ist. Deshalb wollen sie auch keine Amnestie für ihn erwirken, sondern bringen ihn ans Kreuz.

Nach der Verurteilung durch Pilatus strebt die Erzählung auf ihren Höhepunkt zu. Jesus geht seinem Schicksal entgegen, wie er es bereits mehrfach im Evangelium angekündigt hat (Mk 8,31–33; 9,30–32; 10,32–34).

Markus zeigt damit, dass Jesus nicht unvorbereitet ans Kreuz geht. Er lässt Sach 13,7 zitieren und vergleicht sich und sein Schicksal mit dem eines Hirten, der getötet wird und dessen Schafe sich verlaufen. Das Leiden Jesu steht also im Kontrast zu seiner Göttlichkeit. Gerade hierin und am Kreuz offenbart sich Jesus im Nachhinein als Gott. Als ein gerechter Mensch wird er dem Leiden ausgesetzt und selbst am Kreuz schreit er immer noch mit einem Wort aus den Psalmen nach seinem Vater: *»Warum hast du mich verlassen?«* (Mk 14,22). Jesus stirbt und Gott folgt ihm in den Tod. Jetzt erst ist die Offenbarung vollendet. Jetzt erkennt der römische Hauptmann, wer da am Kreuz hingerichtet wurde. Aber er weiß nicht, dass Jesus auferstehen, also nicht im Tod bleiben wird. Dass das Kreuz letztlich die Überwindung des Todes darstellt, weiß nur der, der das Evangelium weiter verfolgt. Nach dem Freitag des Todes kommt der Sonntag des Lebens.

Praxishinweise: Die Passionsgeschichte ist aufgrund des wiederkehrenden Osterfestes bereits in den ersten Grundschuljahren Thema und setzt sich über die biographische Auseinandersetzung mit Jesus bis zur Aufarbeitung des Themas »Tod« in der Sekundarstufe fort. Wichtig wird es dabei sein, das Symbol Kreuz als doppeltes Symbol wiedergeben zu können: Als Zeichen höchster Erniedrigung und als Hoffnungszeichen, dass mit dem Tod nicht alles aus ist. Hier können beispielsweise Kreuze der Welt erstellt werden, auf denen dargestellt wird, wo Menschen heute noch erniedrigt werden. Dagegen steht das Hoffnungskreuz mit der zentralen Aussage: »Jesus lebt. Gott kann Leid und Tod überwinden«. Als Lieder eignen sich zum Abendmahl »Wenn Jesus ruft zu Tisch« (BiHi S. 160) und zur Passion »Es geht ein Weinen um die Welt« (BiHi S. 162) sowie allgemein »Das Osterlied« (BiHi S. 164).

Ostergeschichten

Ostern ist das zentrale Datum des christlichen Glaubens. Dies ist durch die ältesten Schriften des Neuen Testaments, die paulinischen Briefe, belegt (besonders 1. Kor 15,3–8). Eine Sonderrolle nehmen die Jesusworte des Johannesevangeliums ein. Auch sie sind Glaubenszeugnisse, durch die klar wird, wie die ersten Christen die Person Jesu deuteten. Die verwendeten Bilder waren so einprägsam, dass die ersten bildlichen Darstellungen Jesu vor allem die des guten Hirten sind (Joh 10). In den synoptischen Evangelien finden sich aber nur wenige Episoden, die nach der Auferstehung Jesu spielen. Ihnen geht es eher darum, das Leben Jesu im Lichte der Osterereignisse darzustellen. Zwei Erzählungen handeln von den Frauen am Grab und von der Bewältigung der Kreuzigung durch die Jünger.

Die Frauen am Grab (Mk 16,1–8)

Jesus ist umgeben von Fremden gestorben. Der fremde Simon von Kyrene wird gezwungen, das Kreuz Jesu zu tragen. Der bislang unbekannte Josef von Arimathäa bestattet Jesus an einem heute unbekannten Ort. Die Jünger Jesu treten nicht in Erscheinung. Sie haben ihr Heil in der Flucht gesucht. Nur die Frauen haben die Kreuzigung von ferne gesehen. Sie machen sich nun auf, um die üblichen Bestattungsrituale an Jesus vorzunehmen. Damit wollen sie das nachholen, was die Frau in Betanien aus Mk 14 bereits getan hat. Allerdings finden sie Jesus nicht in dem Grab. Der Rollstein, den Josef von Arimathäa vor das Grab gewälzt hatte (Mk 15,46), ist weg. Sie gehen in das Grab und sehen dort einen jungen Mann, wahrscheinlich denkt Markus an einen Engel. Der Mann hat das Grabtuch Jesu in der Hand. Die Frauen erschrecken angesichts des Heiligen, aber der Engel beruhigt sie und spricht die Worte: *»Ihr sucht Jesus von Nazareth, den Gekreuzigten. Er ist auferstanden; er ist nicht hier.«* (Mk 16,6) Mehr berichtet Markus nicht. Das Evangelium endet mit den fliehenden Frauen. Diese haben Angst und wollen niemandem etwas von ihren Erlebnissen sagen. Für die Hörer/Leser ist aber klar, dass die Botschaft des Engels doch irgendwie verbreitet worden ist. Sie wissen, dass Jesus von Gott auferweckt wurde – ansonsten gäbe es ihre Gemeinschaft schließlich nicht. Von daher weist der ursprüngliche Schluss des Evangeliums auf den Anfang des Textes zurück. Jetzt weiß der Hörer/Leser, dass Jesus nur als leidender Mensch der wahre Messias ist.

Die Emmausjünger (Lk 24,13–35)
Die anderen Evangelien berichten ausführlicher von Ostern. Vor allem Lukas hält mit der Geschichte von den Emmausjüngern Rückschau auf das Evangelium. Diese Erzählung ist eine der zentralen Ostergeschichten, in der sich Jesus als der Auferstandene zeigt. Sie stellt sich als eine »Weggeschichte« dar, die von Jerusalem ausgeht und schließlich auch wieder dorthin zurückführt. Der Aufbau der Geschichte lässt sich entsprechend gut nachvollziehen. So umschließen der Anfangs- (13–16) und der Schlussrahmen (33–35) den Mittelteil, der sich noch mal in zwei Hauptteile (17–27 und 28–32) unterteilen lässt. Anfang und Schluss enthalten entgegengesetzte Wegbeschreibungen: Zunächst wandern die beiden Jünger in tiefer Traurigkeit von Jerusalem nach Emmaus, kehren aber schließlich in großer Aufregung und Freude nach Jerusalem zurück. Wie es dazu kommt, wird im Mittelteil erzählt. Zwei Jünger, von dem einen erfährt man den Namen Kleopas, sein Gefährte bleibt namenlos, begeben sich auf den Weg nach Emmaus. Sie rekapitulieren die Ereignisse in Jerusalem. Während ihrer Unterhaltung reiht sich ein Wanderer in ihre Gemeinschaft ein. Der Leser erfährt, dass es sich um Jesus handelt. Für die beiden Jünger bleibt der Wanderer unerkannt. So entsteht ein Spannungsmoment: Wann werden die Jünger Jesus erkennen?

Im Mittelteil, der durch das »Weggespräch« gekennzeichnet ist, fragt Jesus die beiden Jünger, worüber sie sich unterhalten. Daraufhin schildert Kleopas die Geschehnisse in Jerusalem. Er erzählt von Jesus, von dem man sich die Befreiung Israels von Rom erhoffte. Durch seinen Tod seien nun alle Hoffnungen zerstört. Der Text zeigt durch diese Rückschau, dass einige Jünger Jesus nicht verstanden haben. Jesus ist nicht der Erlöser seines Volkes in dem Sinn, dass er ein militärischer Herrscher ist, sondern indem er Gott ist, der sich seinem Volk neu und ganz anders zuwendet als dieses es erwartet.

Im Text korrigiert der auferstandene Jesus die falschen Erwartungen, indem er die Heiligen Schriften des Judentums auf sich selbst hin auslegt.

Über dieses Gespräch gelangen die drei an ihr Ziel: Emmaus. Jesus macht den Anschein, seinen Weg fortsetzen zu wollen, wird aber von den beiden Jüngern gedrängt, mit ihnen den Abend zu verbringen. Die beiden scheinen von seiner Schriftauslegung beeindruckt. Beim gemeinsamen Mahl übernimmt der Gast Jesus die Rolle des Gastgebers, spricht den Tischsegen und teilt das Brot. Beim Brotbrechen erkennen die Jünger plötzlich in ihrem Gast Jesus. Er zeigt sich in vielfältiger Weise: im Wort, im Brot, im Geist und in seinem Handeln. Das Ziel der Erzählung ist erreicht: Jesus wird als Auferstandener erkannt. Die Jünger begreifen, dass er sich immer wieder in der Gemeinschaft sowie durch das Lesen und Verstehen des Wortes zeigen wird. So wird die Gewissheit vermittelt, dass Jesus als Auferstandener Weggefährte ist und auch die Verzweifelten begleitet.

Die beiden Jünger machen sich sofort auf den Weg nach Jerusalem, um den anderen von ihrer Begegnung zu berichten.

Die Erzählung zeigt, dass Jesus die Menschen begleitet, auch wenn sie gerade Zweifelnde im Glauben sind. Er begleitet Trauernde und Mutlose auf ihrem Weg und dies bereits schon dann, wenn er noch nicht erkannt ist. Diese Gewissheit lässt die Jünger mit Freude nach Jerusalem zurückkehren.

Praxishinweise: Viele Kinder kennen Ostern nur über Ostereier oder Osterhasen. Da beides Lebenssymbole sind und Ostern das Fest des Lebens ist, erfolgte die Verbindung der Alltagssymbole zum Fest nicht zufällig. Hier sollte man für Kinder eine Brücke zum »Lebensfest Ostern« schlagen. Bereits Grundschulkinder können in der Lage sein, Ostern als ein Fest der Hoffnung zu deuten und das Symbol des Kreuzes zu erklären.

Als kreativer Impuls eignet sich die Gestaltung von Osterkerzen, da Licht das zentrale Symbol ist. Dies kann verbunden sein mit einer »Hell-Dunkel«-Meditation. Als Lieder eignen sich »Korn, das in die Erde« (EG 98), »Go, tell it on the mountains / Komm, sagt es allen weiter« (KiGeBu S. 204), zur Emmausgeschichte »Herr, bleibe bei uns« (BiHi S. 173) oder allgemein »Das Osterlied« (BiHi S. 164f).

Jesu Botschaft geht um die Welt: Apostelgeschichte und Briefe

Wie die ersten Christen gelebt haben, zeigen uns die Apostelgeschichte (Apg) und die Briefe des Neuen Testaments. Obwohl sie in ganz unterschiedlichen Situationen entstanden sind und verschiedene Anliegen verfolgen, geht es im Überblick primär um die Fragen:

- *Wie geht es mit der Gemeinschaft der Anhänger Jesu weiter, nachdem er nicht mehr da ist?*
- *Wie soll eine ideale Gemeinschaft der Christen aussehen?*
- *Wie kann das Christentum sich verbreiten?*
- *Wie verhält man sich bei Konflikten?*

Wie die Evangelien zeichnet auch die Apostelgeschichte kein exaktes Bild der historischen Realität. Sie will aufzeigen, wie es mit den Anhängern Jesu weitergeht und berichtet so von den Anfängen der Kirche. Zunächst erzählt sie von **Himmelfahrt und Pfingsten**. Die Apg führt die Anfänge der Kirche auf Gott selbst zurück. Er schickt seinen Geist und füllt so die Lücke, die Jesus durch seine Himmelfahrt hinterlassen hat.

Pfingsten (Apg 2,1–12)

Nach Kreuzigung, Auferstehung und Himmelfahrt Jesu sehen sich die Jünger einer neuen Erfahrung ausgesetzt: Sie müssen Strukturen schaffen, die es ihnen ermöglichen, in der Lehre Jesu beständig zu bleiben und sie zu bewahren. Deshalb treffen sich die Jünger regelmäßig zum Gebet. So kommen sie auch am jüdischen Schawuot zusammen. Das Schawuot ist das mittlere der drei großen Jahres- und Wallfahrtsfeste (Passah-, Schawuot- und Laubhüttenfest). Es wird sieben Wochen nach Passah gefeiert und erhielt deshalb von den Griechen die Bezeichnung »pentekoste« = 50. Tag (Pfingsten). Am Passahfest wird an den Auszug aus Ägypten erinnert, am Schawuot gedenken die Juden der Gesetzgebung am Berg Sinai.

Während die Jünger also alle am Tag des Festes zusammen sind, ist plötzlich von »einem Brausen vom Himmel« die Rede. Ein gewaltiger Wind kommt auf. Gottes Geist kommt auf alle Anwesenden. Dieses Geschehen kann nur in Bildern ausgedrückt werden. Das hebräische Wort für Geist kann auch mit Hauch, Atem oder Wind ausgedrückt werden. So wird das Brausen, von dem berichtet wird, beschrieben. Das zweite Zeichen sind die Feuerflammen über den Köpfen der versammelten Menschen. Der Geist befähigt sie, in Zungen zu reden – einem ekstatischen Lobpreis Gottes in Worten und Lauten, die ohne Auslegung nicht verständlich sind. Doch darin besteht das Wunder, dass sich eben alle Versammelten, die aus verschiedenen Ländern kommen, verstehen. Unter ihnen sind Menschen aus der römischen Provinz Asien, Einwanderer aus Rom, Ägypten und Libyen. Nicht nur den Jüngern selbst, sondern allen Anwesenden wird der Geist Gottes geschenkt. Einige können das Wunder noch nicht begreifen. Repräsentanten der jüdischen Gemeinde weltweit sehen sich dem Kommen des Geistes auf die junge Gemeinde gegenübergestellt. Einige reagieren bestürzt, andere vermuten sogar, dass die versammelten Christen betrunken sind.

Im ersten christlichen Pfingstfest finden wir die Vollendung der Prophetenworte, dass Gottes Geist auf Gottes Volk ausgegossen wird und alle Gläubigen durch diese Geisteskraft neu erfüllt werden. Bereits der Prophet Joel (Joel 3,1) weissagte: »*Und nach diesem will ich meinen Geist ausgießen über alles Fleisch und eure Söhne und Töchter sollen weissagen, eure Alten sollen Träume haben, und eure Jünglinge sollen Gesichte sehen.*« Das bedeutet, dass der Geist Gottes nicht nur auf die Propheten kommt, sondern auf ganz Israel. Dadurch wird jeder, der sich zu dem alleinigen Gott bekennt, wissen, wo die Rettung zu finden ist. Alle sind darin eingeschlossen. Nicht nur die Ältesten, sondern auch Frauen und Kinder wie Knechte und Mägde, Sklaven und Sklavinnen. In Apg 2 wird diese Zusage auch auf die Nichtjuden ausgeweitet, die sich zu Jesus Christus bekennen.

Das Pfingstwunder überwindet das Sprachengewirr, das durch den Turmbau zu Babel in die Welt kam (1. Mose 11). Unter der Botschaft des gekreuzigten und auferstandenen Christus, die durch den Heiligen Geist in den Menschen lebendig wird, können die Schranken überwunden werden. Nicht mehr das »groß werden« und »sich von Gott abgrenzen wollen«, sondern die Hoffnung, dass alle Völker sich untereinander in Christus verstehen, ist die neue Botschaft.

Die Apg zeigt, dass Gott auch weiterhin bei den Menschen ist. Durch seinen Geist sind die ersten Christen »ein Herz und eine Seele« (Apg 4,32). Der Geist Gottes treibt die Christen auch dazu, anderen Menschen von Gott und Jesus zu erzählen. Sie beginnen mit der Mission. So kommt es, dass einige von ihnen Jerusalem verlassen und in die damals bekannte Welt, also vor allem das römische Reich, hinausziehen. So trifft beispielsweise der Apostel Philippus einen afrikanischen Minister (Apg 8). Er erzählt ihm von Jesus und tauft ihn anschließend. Das Christentum kommt damit nach Afrika. Für die Ausbreitung des Christentums entscheidend ist die Berufung des Pharisäers Saulus/Paulus. In einer Vision erscheint ihm Christus und bringt ihn davon ab, die Christen zu verfolgen (Apg 9). Paulus wird schließlich zu einem wichtigen Apostel. Neben Petrus ist er der »Hauptdarsteller« der Apostelgeschichte. Er wird auf dem Apostelkonzil (Apg 15) zum Missionar der Heiden berufen und die Apg erzählt breit von seinen Missionsreisen. Durch Paulus gelangt das Christentum nach Europa und schließlich nach Rom.

Praxishinweise: Während das Pfingstfest fester Bestandteil der Primarbildung ist, werden die Anfänge des Christentums meist erst in der weiterführenden Schule thematisiert. Ziel sollte sein, dass Kinder den Hintergrund des Pfingstfestes erläutern können.

Um die Erzählung zu unterstützen eignet sich die Arbeit mit Legematerialien (jeweils andere Tuchfarben) und die Arbeit mit Kerzen, wobei den Jüngern durch das Pfingstereignis »ein Licht aufgeht« (siehe »Bibel kreativ erkunden«, S. 31). Auch kann versucht werden, eine Botschaft wortlos weiterzugeben und dadurch die Sprachbarriere zu überwinden. Als Lieder eignen sich »O komm, du Geist der Wahrheit« (EG 136), »Wo zwei oder drei« (KiGeBu S. 302; BiHi S. 174), »Atmen wir den frischen Wind« (BiHi S. 175), »Philippus tauft« (BiHi S. 176).

Paulus und seine Briefe

Wir kennen Paulus nicht nur aus der Apostelgeschichte, sondern besonders durch seine Briefe, den ältesten Zeugnissen des Neuen Testaments. In den Briefen erfahren wir, welche Probleme die ersten Christen hatten. Sie antworten auf Fragen wie:

- *Wann kommt das Reich Gottes?*
- *Wie sollen sich bis dahin die Gemeinden verhalten?*

Paulus war nach eigener Auskunft (Phil 3) ein frommer und eifriger Jude. Er verfolgt die ersten Christen, weil sie ihm als Verräter und Gotteslästerer erscheinen. Als sich ihm Jesus Christus offenbart, bekommt er ein Problem. Er verändert sein Leben radikal und wird vom Verfolger zum Missionar. Er muss sich jetzt der Frage stellen, warum viele seiner Landsleute, also Juden, nicht an Jesus glauben, obwohl er doch nach seinem Glauben der Messias ist. Diese Frage kann er bis zum Ende seines Lebens nicht lösen. Er ist aber davon überzeugt, dass Gott auch die Juden retten wird (Röm 11).

Aufgrund seiner theologischen Ausbildung und seines Einsatzes wird Paulus zu einem der wichtigsten Missionare des frühen Christentums. Eine Frage dieser Zeit ist: Muss man, wenn man Christ werden will, erst Jude werden? Immerhin waren alle Christen zunächst Juden. Paulus verneint dies. Der Glaube an Jesus als den Messias ist das Entscheidende. Man muss sich also nicht beschneiden lassen oder die jüdischen Speisegebote einhalten. Paulus klärt mit dieser Entscheidung die Frage nach dem Verhältnis des jüdischen Gesetzes zum Glauben an Christus. Der Glaube ist im Christentum zentral. Im Judentum ist es wichtig, dass Gott die Juden erwählt hat. Beide Religionen gehen damit unterschiedliche Wege, ihr Ziel aber ist das Gleiche. Für Christen sind nicht alle Gebote der Tora bindend, viele Gebote (z. B. die Zehn Gebote) sind aber auch für Christen eine wichtige Orientierung in ihrem Leben.

Weil Paulus viele Gemeinden gründet, muss er Briefe schreiben, um mit ihnen in Kontakt zu bleiben. Sieben echte Paulusbriefe sind im Neuen Testament enthalten, die offene Fragen klären. Zum Beispiel die Frage, ob Christen Fleisch essen dürfen, das für die heidnischen Götter geopfert wurde (1. Kor 8). Oder die Frage, ob Christen heiraten (1. Kor 7) oder welches Verhältnis sie zu der staatlichen Macht haben sollten (Röm 12). Während einige Fragen für uns heute nicht mehr relevant sind bzw. wir aufgefordert sind, eigene Antworten zu geben (z. B. Frauen in der Gemeinde: 1. Kor 14), bleiben manche Themen wichtig. So behandelt Paulus Fragen nach Tod und Auferstehung (1. Thess 4; 1. Kor 15), er fragt nach dem Sinn der Tora und dem Schicksal Israels (Röm 9–11) und kennzeichnet die Grundlagen des Christentums: Glaube, Liebe, Hoffnung (1. Kor 13). Diese führt er im Römerbrief geschlossen vor.

Am Anfang steht die Liebe Gottes zu uns, seinen Geschöpfen. Weil er uns von unseren Sünden erlösen will (Röm 1–3), schickt er seinen Sohn, der am Kreuz stirbt. So weiß Gott, was der Tod für uns bedeutet und wie er sich anfühlt. Weil er aber Gott ist, kann er Christus auferwecken. Gott ist uns also auch im Tod nahe und er kann den Tod besiegen. Das ist unsere Hoffnung. Christus ist mit uns gestorben – und wir werden deshalb mit ihm leben (Röm 6). Die Liebe Gottes ist der Grund unserer Hoffnung über den Tod hinaus. Daran dürfen wir glauben. Wir müssen uns das nicht verdienen, sondern nur darauf vertrauen (Röm 3). Das meint »glauben« bei Paulus. So lässt sich die Überzeugung des Paulus also in drei Worten zusammenfassen: *»Nun aber bleiben Glaube, Hoffnung, Liebe, diese drei; aber die Liebe ist die größte unter ihnen.«* (1. Kor 13,13)

Neben den Paulusbriefen gibt es noch andere Briefe, die den Aposteln zugeschrieben werden. Sie antworten auf Probleme der weiteren Generationen von Christen, beschäftigen sich mit der ausbleibenden Wiederkehr Jesu oder wollen die Gemeinden vor falschen Lehren schützen.

Praxishinweise: Auch wenn kaum ein Plan diese Idee aufgegriffen hat, eignet sich die Biographie des Paulus ansatzweise auch für die Primarstufe, da sie eine Weggeschichte darstellt. Einzelne Paulusworte können durch Umsetzung in Liedform kindgemäß aufbereitet werden (siehe das Beispiel zu 1. Kor 12 in »Bibel kreativ erkunden«, S. 63). Ansonsten ist Paulus primär ein Thema für die Sekundarstufe. Jugendliche sollten den Aufriss eines Briefes nachvollziehen und vielleicht selbst einen antiken Brief verfassen können.[90] Ein wichtiges Thema für Paulus und auch für pubertierende Jugendliche ist das Angenommensein ohne Bedingungen, an dem man ansetzen kann. Als Lied eignet sich das »Saulus-Paulus-Lied« (BiHi 180f).

Offenbarung

Das letzte Buch der Bibel wird »Die Offenbarung des Johannes« genannt. Offenbarung heißt auf Altgriechisch »Apokalypse«. Damit verbinden wir heute Katastrophen, das Ende der Welt und viele schlimme Dinge. Die Offenbarung des Johannes ist aber keine echte Prophezeiung. Sie ist eine besondere Form, die Gegenwart der Leser zu deuten. Sie will ihnen Trost spenden und sie ermutigen, in der Zeit der Verfolgung standhaft zu bleiben und antwortet daher auf konkrete Fragen:

- *Warum werden Christen verfolgt?*
- *Was geschieht, wenn das Ende der Zeit anbricht?*
- *Worauf dürfen Christen am Ende hoffen?*

Deshalb entwickelt die Offenbarung eine Zukunftsvision. Sie schildert den ersten Christen, die unter der Macht des römischen Imperiums litten, eine gute Zukunft. Sie vermittelt Hoffnung in einer Zeit, in der die Christen aus ihren Vereinen und Händlervereinigungen ausgeschlossen wurden, weil sie nicht dem römischen Kaiser opfern wollten. Johannes tröstet seine Gemeinde, indem er den Leuten versichert, dass sie nicht mehr lange leiden müssen. Bald wird Gott eingreifen und ihre Feinde vernichten. Weil das so ist, können sie noch ein wenig warten. In dieser Zeit müssen sie sich aber so verhalten, wie es Gott ihnen geboten hat. Für eine kurze Zeit noch müssen sie die Anfeindungen ihrer Umwelt ertragen, das ist bereits jetzt ein Grund zur Freude. Johannes versichert, dass Jesus wiederkommen wird, um auf der Welt Gerechtigkeit herzustellen.

Am Ende der Offenbarung und damit auch am Ende der Bibel steht die Hoffnung auf die neue Welt für diejenigen, die treu zu ihrem Glauben stehen. Dann werden sie in das himmlische Jerusalem einziehen und dort für immer

---

90 Siehe hierzu »Die Bibel elementar«, 256.

mit Gott zusammen wohnen. Dies baut eine Brücke zurück zum Paradies. So wird am Ende Gott den guten Zustand am Anfang seiner Schöpfung wieder aufrichten.

Praxishinweise: Zumindest der Text von Offenbarung 21 findet sich in einigen Kinderbibeln, sodass man auch eine Grundlage für die Behandlung der Offenbarung in der Primarstufe hat. Ansonsten sind die Bilder der Offenbarung eher in den höheren Klassen der Sekundarstufe zu behandeln, da deren Bilder schwer zu verstehen sind. Auch muss die Gattung »Offenbarung« von Jugendlichen erschlossen werden.[91] Da am Ende von der neuen Welt als himmlischer Stadt geträumt wird, sollte hier auf die Träume von Kindern und Jugendlichen von einer idealen Welt eingegangen werden. Als Lied eignet sich: »Ein neuer Himmel« (BiHi S. 185).

Bibel-Kompetenzen: Was sollten Kinder und Jugendliche von der Bibel kennen und was sollen sie können?[92]

1. Am Ende der Primarzeit bzw. der Klassenstufe 5[93] sollten Lernende über folgende Kenntnisse und Kompetenzen verfügen

Bibelbuchwissen[94]

Lernende können ...

- Altes und Neues Testament unterscheiden
- einen groben Überblick über biblische Bücher geben (z. B. mithilfe des Bibelliedes oder der Bibelbibliothek)[95] und sagen, ob eine Geschichte im Alten oder Neuen Testament steht
- eine Kinderbibel von einer Vollbibel (Luther, Gute Nachricht, Einheitsübersetzung) unterscheiden, sich darin zurechtfinden und erklären, warum es unterschiedliche Bibelübersetzungen gibt
- erklären, wie die Bibel entstanden ist und wie sie in der Frühzeit tradiert wurde (erleben, erzählen, aufschreiben, sammeln, weitergeben)
- grob Angaben zur Geschichte der Bibel machen
- erzählen, wie Martin Luther sie ins Deutsche übersetzt hat.

---

91 Siehe hierzu das Arbeitsblatt »Offenbarung« in »ReliBausteine Bibel«, 89.

92 Der Abschnitt basiert auf Ergebnissen der Arbeitsgruppe »Bibel im kompetenzorientierten Unterricht« (Isa Breitmaier, Michael Landgraf, Peter Müller und Hartmut Rupp).

93 Dies hängt von den jeweiligen Plänen ab, ob eine Einführung ins Bibelbuch bereits in der Primarzeit oder erst in der Klassenstufe 5 vorgesehen ist.

94 Siehe hierzu den Anhang in »Die Bibel elementar«, 267–280.

95 Siehe hierzu die Arbeitsblätter »ReliBausteine Bibel«, 37–41.

Bibel lesen können (sinnverstehendes Lesen)
Lernende können ...
- Bibeltexte einer Kinderbibel und ausgewählte Texte einer Vollbibel lesen und nacherzählen
- den Sinn eines Bibeltextes erfassen und eine eigene Position dazu entwickeln.

Ebene der Inhalte der Bibel
Lernende können ...
- Psalm 23 und das Vaterunser aufsagen
- Psalmen unterscheiden und selbst formulieren (z. B. ein Klagelied, ein Loblied ...)
- mithilfe von Bildern Bibelgeschichten nacherzählen
- in Stichpunkten die Geschichten von Abraham und Sara, Isaak und Rebekka, Jakob und Esau, Josef und seine Brüder, Mose und Mirjam, Rut, David, Jona, Jesus und seine Jünger sowie Petrus und Paulus wiedergeben
- die beiden Schöpfungsgeschichten vom Anfang unterscheiden
- die Verantwortung des Menschen aus den Schöpfungsgeschichten ableiten (1. Mose 1: Herrschaftsauftrag; 1. Mose 2: bebauen und bewahren)
- Gleichnisse von Jesus erzählen, die vom Reich Gottes handeln
- szenisch Erzählungen darstellen, wie Jesus Menschen hilft (z. B. Zachäus)
- die Goldene Regel, das Doppelgebot der Liebe und die Zehn Gebote in eigenen Worten wiedergeben
- Geschichten von Jesu Leiden, Tod und Auferstehung erzählen
- am Beispiel der Jüngerberufung und von Jona Beispiele zeigen, dass Gott Menschen für sich in Anspruch nimmt
- beide Weihnachtsgeschichten (Mt 1–2; Lk 1–2) unterscheiden und ihre Bedeutung für die Person Jesu erläutern.

Sprachformen der Bibel
Lernende können Erzählungen, Psalmen, Gleichnisse, Wundergeschichten unterscheiden.

2. Bis zum Ende der Sekundarstufe sollten Lernende über folgende Kenntnisse und Kompetenzen verfügen:

Bibelbuchwissen
Lernende können ...
- darstellen, wie die Bibel aufgebaut ist
- Abkürzungen der biblischen Bücher zuordnen, Textstellen sicher aufschlagen und richtig zitieren
- die Geschichte Israels in groben Zügen wiedergeben
- die Bedeutung der Bibel für die Kirchen beschreiben
- Auskunft über Entstehung, Überlieferung der Bibel und Wirkungsgeschichte geben

- die Bedeutung der Bibel als Kulturgut (Literatur, Kunst, Musik) anhand von Beispielen darstellen
- mit Erschließungshilfen wie Landkarten, Sachregister, Zeitleisten, Maßen umgehen.

Mit Texten umgehen können

Lernende können ...

- differenzierte biblische Texte nacherzählen und kreativ umgestalten
- Formen der Exegese benennen und sich einem Bibeltext methodisch annähern
- Aussagen der Bibel auf die heutige Zeit beziehen
- erklären, woran man eine Erzählung, eine Metapher, Klage, Bitte, Lob, Dank, Mahnung, Gebot, Prophetenspruch, Mythos und Vision erkennt.

Inhalte der Bibel

Lernende können ...

- Geschichten biblischer Personen erzählen und deren Erfahrungen mit Gott beschreiben (Noah, Abraham, Jakob, Josef, Mose, Rut, David, Esther, Hiob, Amos, Jeremia, Jesaja, Daniel, Jona, Jesus, Petrus, Paulus)
- selbst eine Klage, eine Bitte, einen Dank und ein Lob wie in einem Psalm formulieren
- Bilder benennen, die die Bibel für Gott verwendet
- den Bogen von der Schöpfung Gottes über die Erhaltung bis zur Neuschöpfung schlagen (1. Mose 1–2 bis Offb 21–22)
- aufzeigen, wie die Bibel die Zukunft der Welt sieht und mit eigenen oder anderen Zukunftsvorstellungen vergleichen
- Stationen der Geschichte Jesu darstellen und den Festen des Kirchenjahres zuordnen
- aufzeigen, wie sich in Sterben, Tod und Auferstehung Erfahrungen und Hoffnungen von Menschen spiegeln
- drei Gleichnisse Jesu erzählen
- erläutern, worauf Jesus hofft und wie sich diese Hoffnung in seinem Leben spiegelt
- drei Heilungsgeschichten erzählen und eine deuten können
- Jesu Titel benennen und erläutern, warum er als Messias / Christus und Sohn Gottes bezeichnet wurde
- die Zehn Gebote aufzählen und zeigen, worauf es ihnen ankommt
- Konsequenzen des biblischen Schöpfungsauftrages für das heutige Leben benennen
- anhand eines Textes zeigen, dass Gott Armen zur Seite steht
- beschreiben, wie eine Welt aussieht, in der sich Menschen nach der Bergpredigt richten.

Sprachformen der Bibel

Lernende können Erzählung, Gleichnis / Metapher, Gebot, Klage, Lob, Dank, Bitte, Mahnungen, Wunder, Mythos, Visionen, Bekenntnisse unterscheiden.

Wie? Exegese und Kreativmethoden

Kurzanleitung für eine Interpretation[96]

1. Klären Sie Ihre Motivation!

Zunächst sollte die eigene Motivation geklärt werden. Die Motivation ist leitend für unsere Interpretation. Je nachdem, welche Motivation vorliegt, werden die Methodenschritte ausgewählt und die Ergebnisse ausfallen. Welche Schritte man aufgrund welcher Motivation auslassen kann, ist zum einen durch den Text selbst vorgegeben – nicht jeder Arbeitsschritt muss immer bei jedem Text durchgeführt werden.

2. Lesen Sie den Text!

Da im vorliegenden Fall nicht davon ausgegangen wird, dass die Ursprachen beherrscht werden, muss durch verschiedene Übersetzungen eine Ahnung für die Probleme des Textes erlangt werden. Dort, wo sich auffällige Unterschiede der einzelnen Übersetzungen beobachten lassen, können oft wichtige theologische Aussagen gemacht werden.

3. Klären Sie Sachfragen!

Da die zu interpretierenden Texte aus der Antike stammen, sind uns viele ihrer Voraussetzungen fremd. Deshalb müssen wir uns die Welt der Texte erarbeiten. Dabei sind Fragen zu klären, die Kenntnisse über die soziale, kulturelle und geistige Welt der Texte erfordern.

4. Untersuchen Sie den Text!

Jeder Text hat eine charakteristische Formung. Diese muss beschrieben und ausgewertet werden. Durch diese Textanalyse klären sich die weiteren Schritte der Exegese. Je nachdem, welche Textgattung vorliegt, werde weitere Untersuchungen notwendig. Außerdem liefert die Beschreibung der Form eines Textes bereits wertvolle Hinweise für seine Interpretation, da Form und Inhalt einander bedingen.

---

96 Vgl. dazu ausführlich: Paul Metzger / Markus Risch, Bibel auslegen. Exegese für Einsteiger, Stuttgart 2010.

5. Rekonstruieren Sie die ursprüngliche Kommunikationssituation des Textes!

In der Regel ist ein Text Teil einer Kommunikation. Die Kommunikationssituation ist insofern ein erheblicher Faktor der Sinnstiftung von Texten. Deshalb muss die Kommunikationssituation erhoben werden, an der die Texte eigentlich teilhaben wollen.

Da die biblischen Texte zuweilen nicht primär für den vorliegenden Kontext entworfen, sondern überliefert, fortgeschrieben und redaktionell bearbeitet wurden, sollte die Entstehung der vorliegenden Texte nachgezeichnet werden, um den Blick dafür zu schärfen, welche Schwerpunkte zu erkennen sind.

Schließlich müssen die Voraussetzungen und Anspielungen der Texte geklärt werden. Partizipiert der Text an einer über ihn hinausweisenden Motiv- oder Traditionsgeschichte? Lassen sich Resonanzen anderer Texte in ihm finden? Was tragen diese textuellen Verweise zur Interpretation bei?

6. Beschreiben Sie das Sinnpotential des Textes!

Ein Text hat nicht nur einen Sinn, ein Text lässt beim Leser viele Bedeutungsmöglichkeiten entstehen. Von daher müssen *idealiter* alle möglichen Sinnpotentiale, die ein Text aufweist, zur Sprache gebracht werden. So kann gezeigt werden, was ein Text von seiner Welt zu erkennen geben will.

7. Beschreiben Sie die Pragmatik des Textes!

Ein Text will oft nicht nur etwas neutral zum Ausdruck bringen. Oftmals verbindet der Text mit seiner inhaltlichen Aussage auch eine Absicht. Er will dann seine Leser dazu auffordern, etwas zu tun. Was der Text intendiert, muss demnach eigens gezeigt werden.

8. Stellen Sie sich der Wahrheitsfrage des Textes!

Biblische Texte haben in der Regel den Anspruch, etwas mitzuteilen, das für ihre Leser relevant ist. Sobald ein Text in historischer Perspektive, also in seiner originalen Kommunikationssituation, untersucht worden ist, bleibt die Frage, was der Text für die Gegenwart bedeutet. Hier kommt es – innerhalb der protestantischen Theologie – zu einem zirkulären Verfahren. Ein Text beansprucht, etwas Wahres von Gott und der Welt zu erkennen zu geben. Dieser Anspruch wird dann durch die Interpretationsgemeinschaft, die den Text für sich auslegt, anhand der Gesamtzahl der biblischen Texte überprüft.

Überblick über Kreativmethoden zur Bibel

Zugänge zur Bibel

Zugänge braucht man, um grundsätzlich zu klären, warum man sich mit der Bibel auseinandersetzt. Dies geht beispielsweise über Assoziationen (Bibellesen ist wie ...), Aussagen und Meinungen zur Bibel, eine Spurensuche (in der Umgebung, in der Musik, in der Sprache ...), die Biographie (die Bibel in meinem Leben) oder Bibelbilder (Assoziationen).

Lernwege mit der Bibel – Aktions- und Kreativmethoden

Bibel lesen und erschließen

- Vorlesemethoden (z. B. Vers für Vers, gegenseitig Vorlesen, verteilte Rollen)
- Besonderes im Text hervorheben (Textinseln, Markieren, Text löschen); Kurvenlesen; Textschnipsel; Bibellückentext; neue Überschriften geben
- Kommentierendes Lesen (z. B. Västeras-Methode)

Bibel erzählen

- Erzählung sinnvoll aufbauen (POZEK-Schlüssel)
- Perspektivisches Erzählen (z. B. aus Sicht einer Person)
- Afrikanisch erzählen (mit dem ganzen Körper)
- Rücken-Erzählen (Körpererfahrung)
- Erzählen mit Hilfsmitteln (Kerzen, Legematerialien, Hintergrundfolien und Overheadfiguren), mit Zeichen, Symbolen, Verkehrszeichen oder Fußsohlen

Bibel ins Gespräch bringen

- Fragen an den Schreiber, Interview und Talkshow
- Standpunkt finden (Diskussion über Bibelinhalte mit Karten)
- »Textspaziergang« und Bibliolog

Bibel kreativ schreiben

- Bibelsprüche kalligraphisch gestalten
- Schreibgespräch (schriftliches Kommentieren eines Bibeltextes)
- Perspektiven wechseln (Sicht einer Person in der Geschichte)
- Dilemmageschichte weitererzählen
- Aktualisieren des Bibeltextes (Methode »Volx-Bibel«; Mundart)
- Bibel-Zeitung (Bibelreportage anfertigen)

Bibel in Bild gesetzt

- Aus- und Anmalen oder freies Malen und Gestalten
- Projekte: Kinderbibeln oder Einzelbücher der Bibel als Buch, als Leporello oder Kinderkino (Tapetenrolle) selbst gestalten
- Mit Farben spielen (reine Farbbilder); Bibelcomics; Fotoreportage; Collage
- Figürliches Gestalten mit Ton, Knete, Figuren ...

Bibel musizieren
- Spurensuche: Musik mit biblischen Motiven
- Tanz und Bewegung zu Bibelliedern selbst gestalten
- Bibeltexte vertonen
- Bibel-Lieder selbst gemacht: Rap und Badewannenmelodie
- Lieder in Szene setzen

Bibel in Szene setzen
- Standbild; Bildfolge; Stellen von Biegepuppen; Biblischen Erzählfiguren; Godly Play
- Spielen mit Bewegung (Stabfiguren); Pantomime
- Rollenspiele mit Sprech- und Statistenrollen; Bibliodrama; Jeux dramatiques
- Singspiel und Musical

Bibel meditieren
- Phantasiereise erstellen
- Treffende Bibelworte: Arbeiten mit einer Bibelwortkartei
- Symbolmeditation mit einem biblischen Symbol
- Schreiben von Psalmen und Gebeten zu Bibelgeschichten
- Arbeiten mit Biblischen Erzählfiguren
- Andacht und Gottesdienst zu Bibeltexten
- Hermeneutische Bilder zur Bibel meditieren

Bibel spielen
- Bibel-Brettspiele selbst erstellen; Bibelfußball
- Biblische Multifunktionskarten oder Bibelquartett gestalten
- Bibelrätsel entwerfen

Bibel digital erleben
- Digitale Bibeln; Informationssysteme; Bibelspiele

Bibel im Film
- Einsatz von Bibelfilmen und Beobachtungsaufgaben
- Filmdrehbuch erstellen
- Einen Bibelfilm selbst drehen

Bibel vor Ort begegnen
- Die Bibel im Stadtbild und in Kirchen entdecken
- Bibelzentren, Bibelmuseen und Bibelmobil als Lernorte erkunden

Ausführlich in Michael Landgraf, Bibel kreativ erkunden. Lernwege für die Praxis, Stuttgart 2010.

Literatur zur Arbeit mit der Bibel

Adam, Gottfried / Englert, Rudolf / Lachmann, Rainer / Mette, Norbert: Bibeldidaktik. Ein Lesebuch, Münster 2006.

Adam, Gottfried / Lachmann, Rainer (Hg.): Methodisches Kompendium für den Religionsunterricht, Göttingen 1996.

Adam, Gottfried / Lachmann, Rainer (Hg.): Methodisches Kompendium für den Religionsunterricht 2 – Aufbaukurs, Göttingen 2002.

Baldermann, Ingo: Die Bibel – Buch des Lernens. Grundzüge biblischer Didaktik, Göttingen 1980.

Baldermann, Ingo: Einführung in die Biblische Didaktik, Darmstadt 1996.

Baldermann, Ingo: Ich werde nicht sterben, sondern leben. Psalmen als Gebrauchstexte, Neukirchen-Vluyn ^{2}1994.

Berg, Horst Klaus: Freiarbeit im Religionsunterricht: Konzepte – Modelle – Praxis, Stuttgart/München 1997.

Berg, Horst Klaus: Grundriss der Bibeldidaktik. Konzepte – Modelle – Methoden, München/Stuttgart 1980.

Berg, Horst Klaus: Selbständig denken, arbeiten, glauben. Impulse für die Bibeldidaktik aus der Reformpädagogik, in: EvErz. 49 (1997), 453–461.

Berg, Sigrid: Biblische Bilder und Symbole erfahren. Ein Material- und Arbeitsbuch, München/Stuttgart 1996.

Berg, Sigrid: Kreative Bibelarbeit in Gruppen. 16 Vorschläge, München/Stuttgart 1991.

Betz, Otto / Ego, Beate / Grimm, Werner (Hg.): Calwer Bibellexikon, Stuttgart ^{2}2006.

Bubmann, Peter / Landgraf, Michael: Musik in Schule und Gemeinde, Stuttgart 2007.

Eckard, Irmintraut: Bibel kreativ. Eine Fundgrube für Gemeinde und Schule, Düsseldorf 2000.

Früchtel, Ursula: Mit der Bibel Symbole entdecken, Göttingen 1991.

Grethlein, Christian: Fachdidaktik Religion, Göttingen 2005.

Hartebrodt-Schwier, Elke (Hg.): Das große Bibelspielebuch, Neukirchen 2008.

Harz, Frieder: Biblische Erzählwerkstatt. Anregungen zum Erzählen und Gestalten von 11 biblischen Geschichten, Lahr 2001.

Hecht, Anneliese: Bibel erfahren. Methoden ganzheitlicher Bibelarbeit, Stuttgart 2001.

Heinemann, Horst: Kindern biblische Geschichten erzählen, Göttingen 2004.

Kegler, Jürgen: Kursbuch Bibel, Stuttgart 2009.

Knecht, Lothar u. Martin: Lebendige Bibelarbeit. Beispiele für Schule und Gemeinde, Freiburg 1992.

Landgraf, Michael: Bibel. Einführung – Materialien – Kreativideen (ReliBausteine 3), Speyer/Stuttgart 2006.

Landgraf, Michael: Jesus begegnen (ReliBausteine primar), Speyer/Stuttgart 2011.

Landgraf, Michael: Biblische Inhalte im RU, in: Karin Finsterbusch (Hg.), Bibel nach Plan?, Göttingen 2007.
Landgraf, Michael: Kinderbibel damals – heute – morgen. Zeitreise, Orientierungshilfe und Kreativimpulse, Neustadt 2009.
Landgraf, Michael: Bibel kreativ erkunden. Lernwege für die Praxis, Stuttgart 2010.
Landgraf, Michael: Die Bibel elementar, Stuttgart 2010.
Landgraf, Michael: Kinderlesebibel / Werkbuch Kinderlesebibel, Göttingen 2011.
Metzger, Paul / Risch, Markus: Bibel auslegen. Exegese für Einsteiger, Stuttgart 2010.
Müller, Peter: Schlüssel zur Bibel, Stuttgart 2009.
Niehl, Franz W.: Bibel verstehen. Zugänge und Auslegungswege. Impulse für die Praxis der Bibelarbeit, München 2006.
Steinkühler, Martina: Bibelgeschichten sind Lebensgeschichten. Erzählen in Familie, Gemeinde und Schule, Göttingen 2011.
Theißen, Gerd: Zur Bibel motivieren. Aufgaben, Inhalte und Methoden einer offenen Bibeldidaktik, Gütersloh 2003.
Tschirch, Reinmar: Biblische Geschichten erzählen, Stuttgart 1997.
Westermann, Claus / Ahuis, Ferdinand / Wehnert, Jürgen: Calwer Bibelkunde, Stuttgart ^{15}2008.
Zwickel, Wolfgang: Calwer Bibelatlas, Stuttgart 2000.

Abkürzungen

Bibel kreativ erkunden: Michael Landgraf, Bibel kreativ erkunden. Lernwege für die Praxis (Praxixhandbuch Bibel), Stuttgart 2010.

BIHI: Bibelhits, 100 Kinderlieder zum Alten und Neuen Testament, hg. und zusammengestellt von Eckart Bücken, Reinhard Horn u. a., Lippstadt 2006.

Die Bibel elementar: Die Bibel elementar – erzählt und erklärt von Michael Landgraf, Stuttgart 2010.

EG: Evangelisches Gesangbuch (Regionalausgaben, seit 1993).

KiGeBu: Das Kindergesangbuch, hg. von Andreas Ebert u. a., München 1998.

KLGT: Siegfried Macht, Kleine Leute – Große Töne, München 2005.

ReliBausteine Bibel: Michael Landgraf, Bibel. Einführung – Materialien – Kreativideen, Stuttgart ^{2}2009.

Praxishandbuch Bibel
für Studium, Schule und Gemeinde

Die Reihe »Praxishandbuch Bibel« ist für Ausbildung und Studium sowie für die Arbeit in Schule und Gemeinde gedacht. Sie bietet klar strukturierte und praxisorientierte Hilfen im Umgang mit der Bibel. Diese dienen der eigenen Orientierung und unterstützen die Arbeit in Schule, Hochschule und Gemeinde.

Michael Landgraf
Bibel kreativ erkunden
Lernwege für die Praxis
Format: 16 x 24 cm
ISBN 978–3–7668–4140–7

Der Band »Bibel kreativ erkunden – Lernwege für die Praxis« bietet einen Strauß von Methoden. Diese ermöglichen es, sich spannend, differenziert und nachhaltig mit der Bibel auseinanderzusetzen:

- Bibel lesen
- Bibel erzählen
- Bibel ins Gespräch bringen
- Bibel kreativ schreiben
- Bibel ins Bild setzen
- Bibel musizieren
- Bibel in Szene setzen
- Bibel meditieren
- Bibel spielen
- Bibel digital
- Bibel im Film
- Bibel vor Ort begegnen

Paul Metzger / Markus Risch
Bibel auslegen – Exegese für Einsteiger
Format: 16 x 24 cm
ISBN 978–3–7668–4147–6

Der Band »Bibel auslegen – Exegese für Einsteiger« führt in die Grundlagen der Bibelauslegung ein und geht der Frage nach: Was muss ich alles wissen und können, um einen biblischen Text zu verstehen? Schritt für Schritt zeigt der Band, wie die Bibel heute erschlossen werden kann.

Aus dem Inhalt:
- Wie kann ich einen Text grundsätzlich verstehen? (Hermeneutik)
- Wie entstand die Bibel? (Text und Kanon der Bibel)
- Wie kann ich mich einem Text annähern? (Schritte des Verstehens)
- Was will uns die Bibel heute sagen? (Das Verständnis der Texte)